MERIAN *live!*

Spaziergänge in München

W0179066

Franz Kotteder, 1963 in München geboren, hat die Stadt selten ein-mal für längere Zeit verlassen, und das aus Überzeugung. Seit 1982 arbeitet er für die »Süddeutsche Zeitung«.

Alle Informationen und Hinweise zum kostenlosen Download des MERIAN *live!* Spaziergänge in München als E-Book in allen gängigen Formaten finden Sie unter **www.travel-house-media.de/download**

mfdlC5AXOe

 Diese Unterkünfte haben behindertengerechte Zimmer

 In diesen Unterkünften sind Hunde erlaubt

Preise für ein Doppelzimmer mit Frühstück:

€€€€ ab 200 €   €€ ab 100 €
€€€ ab 150 €   € bis 100 €

Preise für ein dreigängiges Menü ohne Getränke:

€€€€ ab 50 €   €€ ab 20 €
€€€ ab 35 €   € bis 20 €

Inhalt

Welfen und Wittelsbacher, Geldadel und Kirchenfürsten, Franzosen,
Schweden und Nationalsozialisten, aber auch Salz und Pest drückten
der Isarstadt im Lauf der Jahrhunderte ihren Stempel auf.

MERIAN-TopTen
MERIAN zeigt Ihnen die Höhepunkte auf den Spaziergängen durch München: Das sollten Sie sich unterwegs nicht entgehen lassen.

 Spaziergang 1
Rund um den St.-Jakobs-Platz
Synagoge, Jüdisches Museum und Münchner Stadtmuseum sind kulturelle Anziehungspunkte (▸ S. 19).

 Spaziergang 2
Frauenkirche
Mit ihren berühmten Türmen ist der Dom das Wahrzeichen Münchens (▸ S. 31).

 Spaziergang 3
Alter Südlicher Friedhof
Oase der Ruhe und ein Stück Münchner Kulturgeschichte (▸ S. 49).

 Spaziergang 4
Haus der Kunst
Die pompöse Architektur spiegelt das Unterdrückungssystem der NS-Zeit wider (▸ S. 56).

 Spaziergang 5
Rund um den Wedekindplatz
Im alten Schwabing lebten um die Wende zum 20. Jh. viele Künstler (▸ S. 73).

 Spaziergang 6
Monopteros
Das Tempelchen bietet den schönsten Blick auf den Englischen Garten (▸ S. 81).

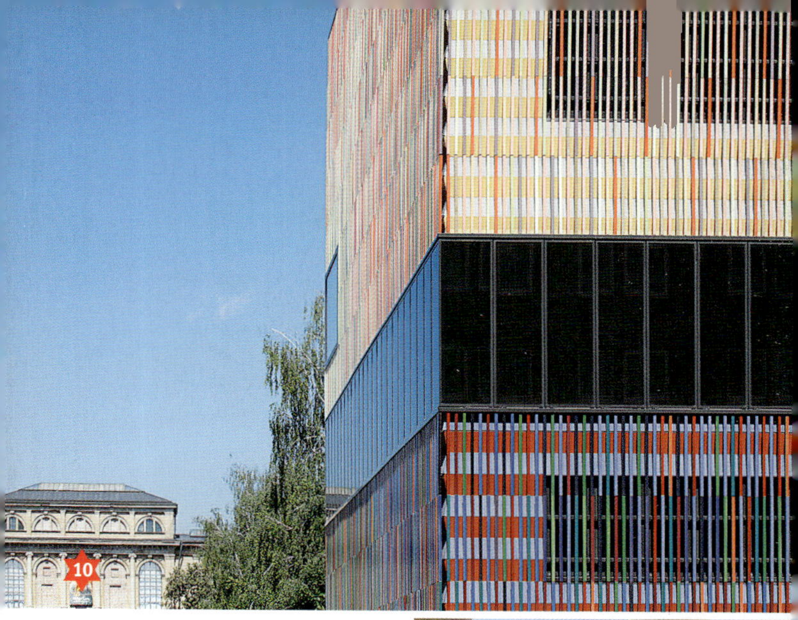

7 **Spaziergang 7**
Die alte Vorstadt Au

Rund um den Mariahilfplatz kann man noch ein Stück der alten Vorstadt Au nacherleben (▸ S. 95).

8 **Spaziergang 8**
Parkburgen Nymphenburg

Rokokobauten wie Amalienburg, Badenburg oder Magdalenenklause verzaubern die Besucher des Schlossparks (▸ S. 104).

9 **Spaziergang 9**
Königsplatz

König Ludwig I. schuf ein Stück Griechenland in München (▸ S. 109).

10 **Spaziergang 10**
Museum Brandhorst

Seit 2009 bereichert dieses Museum das Kunstareal mit Meisterwerken zeitgenössischer Kunst (▸ S. 124).

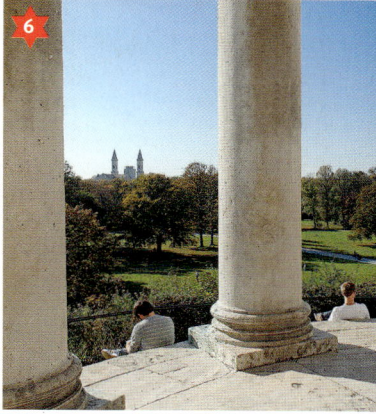

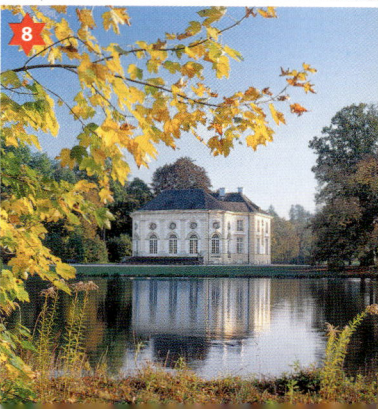

Wie mit einer Brücke alles begann

Alles fing an mit einem Nachbarschaftsstreit: Herzog
Heinrich der Löwe lag im Clinch mit dem Fürstbischof von
Freising und wollte den lukrativen Wegezoll auf der alten
Salzstraße kassieren. Der aber stand den Freisingern zu.
Deshalb ließ Herzog Heinrich deren Brücke überfallartig
niederbrennen und leitete damit die Salzlieferanten zu
einer kleinen Mönchssiedlung an der Isar um. Aus der aber
wurde im Laufe der Jahrhunderte eine Millionenmetropole
mit einer sehr wechselhaften Geschichte ...

◄ »Der Marckt zu München«, der Marienplatz (► S. 29), mit Frauenkirche und der schönen Mariensäule.

Eigentlich verwunderlich, dass München nicht Haidhausen heißt. Oder Sendling, Giesing, Schwabing oder Pasing. Denn fast alle diese Stadtteile – und die Reihe ließe sich noch beliebig fortsetzen – sind wesentlich älter als die eigentliche Siedlung »Apud Munichen«, die urkundlich erstmals 1158 erwähnt ist. **Mönche** aus dem Kloster Tegernsee, so heißt es, hatten sich hier in unmittelbarer Nähe der Isar angesiedelt, und zunächst einmal deutete nichts darauf hin, dass hier einmal eine Stadt entstehen könnte, die sich mit anderen deutschen oder europäischen Großstädten messen kann. Dazu brauchte es einen Zugereisten, nämlich den Welfenherzog **Heinrich der Löwe** aus Braunschweig. Der war im 12. Jh. bayerischer Landesherr geworden, aber so recht zufrieden war er damit nicht. Denn sein Einflussbereich erstreckte sich damals nur bis kurz vor Föhring im Norden, und dort herrschte leider schon der Fürstbischof von Freising.

Ein »gesalzener« Streit

Das missfiel Heinrich dem Löwen insofern, als es bei Föhring eine Isarbrücke gab, über die bereits seit dem frühen Mittelalter sämtliche Salztransporte liefen. Den Brückenzoll kassierte der Fürstbischof, Heinrich ging leer aus. Sollte sein neues Lehen auch etwas einbringen, so musste sich etwas ändern, beschloss der Welfenherzog. Und Heinrich war in der Wahl seiner Mittel nicht zimperlich. Er schickte seine Reiter zur **Föhringer Brücke**, überfiel die Wachen

und ließ die Brücke niederbrennen. Die historische Salzstraße brauchte fortan eine Umleitung, und die führte über die bestehende, kleine **Isarbrücke** bei München – etwa dort, wo sich heute die Ludwigsbrücke befindet. Den Brückenzoll kassierte fortan Heinrich der Löwe.

Der Terrorakt des Herzogs passte dem Fürstbischof überhaupt nicht. Er beschwerte sich zwar bei Kaiser Friedrich Barbarossa, erreichte bei den Schlichtungsverhandlungen aber erst einmal nicht mehr als einen geringen Anteil an den Zolleinnahmen. Als Sieger ging letztlich Heinrich der Löwe hervor, denn Friedrich Barbarossa verlieh der Siedlung München am 14. Juni 1158 das Markt- und Münzrecht. Dieses Datum gilt seither als Tag der **Stadtgründung**.

Florierendes Handelszentrum

Heinrich tat nun alles, um seine neue Geldquelle zu sichern und auszubauen, ließ eine erste **Stadtmauer** errichten, die 1175 fertig wurde und immerhin schon 1,5 km lang war. Freilich hätte das alles beinahe nichts genützt, denn 1180 zerkrachte sich Heinrich der Löwe mit Friedrich Barbarossa. Der verhängte die Reichsacht über den Welfen und setzte den **Freisinger Fürstbischof** als Münchner Stadtherrn ein mit der Aufgabe, die junge Siedlung dem Erdboden gleichzumachen. Somit wäre die Geschichte der jungen Stadt eigentlich nach nur 22 Jahren schon wieder zu Ende gewesen. Aber der Freisinger Fürstbischof führte den Befehl nicht aus – vielleicht, weil er als Bischof schlecht eine Mönchssiedlung zerstören konnte, vielleicht auch, weil München ja inzwischen ein florierendes, kleines Handelszentrum geworden war, auf dessen Einnahmen er ebenfalls nicht verzichten wollte. München gedieh jedenfalls weiterhin ganz ordentlich. Im Jahr 1240 wurde dann **Otto von Wittelsbach** mit dem Herzogtum Bayern belehnt, und damit begann eine lange Geschichte des Hauses Wittelsbach als bayerischem Herrschergeschlecht, die erst knapp 700 Jahre später mit der Flucht von König Ludwig III. 1918 enden sollte. Otto machte München 1255 zu seiner Residenzstadt, was für weiteren Aufschwung sorgte, und schon bald wurde eine neue Stadtmauer nötig, die um 1330 fertiggestellt ist und immerhin schon 4 km umfasst. Herzog Ludwig regierte zu dieser Zeit, und da er 1328 zum Deutschen Kaiser **Ludwig der Bayer** gewählt wird, ist München damit nun sogar **Hauptstadt** des Heiligen Römischen Reiches Deutscher Nation und bleibt es bis zum Tod Ludwigs im Oktober 1347.

Patrizier, Pest und Pogrome

Natürlich klingt das glanzvoller, als es in Wirklichkeit ist. München war ja auch in diesen Tagen noch eine winzige Siedlung nach heutigen Verhältnissen, und hier ging es zu wie in jeder anderen mittelalterlichen Stadt auch. Stadtbrände zerstören immer wieder einen Großteil der Behausungen, häufig kommt es zu Pestepidemien, die viele Einwohner dahinraffen – die erste 1349, weitere 65 sollen im Lauf der Jahrhunderte folgen. Und die Stadtgesellschaft ist keinesfalls einig, im Gegenteil. Besonders die Juden werden immer wieder verfolgt, beim ersten großen Pogrom 1258 sperrt man fast die gesamte jüdische Gemeinde in die Synagoge an der damaligen Gruftstraße ein und brennt das Haus nieder. Weitere Pogrome folgen, fast immer aus nichtigem Anlass oder wegen umgehender Schauergerüchte. Es gibt Aufstände der Handwerker gegen Patrizier und Herzöge, die allesamt niedergeschlagen werden.

Dass später, in der Renaissance, die bayerischen Herzöge ihren Regierungssitz vom Alten Hof in die Wasserburg »Neuveste« am nördlichen Rand der alten Stadtmauer verlegen, hat seinen Grund gewiss nicht nur darin, dass der Alte Hof zu klein geworden ist. Nein, er war auch zu nah am Volk und damit zu unsicher geworden. In einer Wasserburg konnte man sich leichter verteidigen gegen Aufständische aus der eigenen Stadt.

Vom Aufschwung zum Bankrott

Die drei Herzöge Wilhelm IV., Albrecht V. und Wilhelm V., die von 1508 bis 1597 regieren, leiten einen neuen Aufschwung ein, nicht nur durch die Verlegung und den Ausbau der Residenz. In der aufkommenden Reformation schlagen sie sich ein-

Der Teufelstritt

Der Sage nach soll der Teufel 1488 in der noch nicht geweihten Frauenkirche vor Freude aufgestampft sein, weil er vom Eingang aus keine Fenster sehen konnte. Er hinterließ den schwarzen Fußabdruck im Eingangsbereich. Erst draußen sah er, dass der Dom doch Fenster hatte, und heult seitdem als eisiger Wind um das Gotteshaus …

Der Dreißigjährige Krieg: Ein Kupferstich von Matthäus Merian zeigt den Einzug der Schweden in München (▶ S. 29) am 7. Mai 1632.

deutig auf die katholische Seite, große Klosteranlagen entstehen in der Stadt, 1559 holt Albrecht V. die Jesuiten nach München, und die Stadt wird zum Zentrum der **Gegenreformation.** Alle drei sind auch große Förderer der Künste. Das Antiquarium der Residenz entsteht, der größte profane Renaissancesaal nördlich der Alpen, 1530 wird die erste bayerische Gemäldegalerie gegründet, für die unter anderem Albrecht Altdorfer arbeitet. Die Hofkapelle unter Orlando di Lasso gilt als die bedeutendste Europas, und um 1558 wird die Staatsbibliothek gegründet. Die Kunstkammer, die Albrecht V. von 1563 an in der neuen Residenz einrichtet, ist das erste deutsche Museum überhaupt. Die drei Herzöge waren gebildete Humanisten und großzügige Mäzenaten, ihre Bilanz wird allerdings dadurch etwas getrübt, dass Wilhelm V. im Jahr 1597 abdankt, weil er den Staatsbankrott erklären muss: Bayern hat zu diesem Zeitpunkt eine Schuldenlast von 300 000 Gulden.

Kriegerische Zeiten

Sein Sohn Maximilian I. ist ein sittenstrenger Mann, der sich als erster Diener seines Staates sieht. Unter ihm wurde 1609 in München die **Katholische Liga** gegründet, ein Zusammenschluss katholischer Reichsstädte. Oberhaupt ist der bayerische Herrscher, womit Bayern zu einer wichtigen Macht in Europa wird. 1623 erhält Maximilian die Kurfürstenwürde verliehen, und natürlich wird München seine Residenzstadt. Von den Wirren des **Dreißigjährigen Krieges** bleibt die Stadt aber nicht verschont. 1632 stehen die **Schweden** unter Gustav Adolf vor den Mauern. München wird kampflos übergeben, muss 300 000 Taler zahlen und Geiseln stellen, die mit den Schweden weiterziehen müssen. Kriegerische Ereignisse ziehen die Stadt auch in Zukunft weiter in Mitleidenschaft. Kurfürst **Max Emanuel** etwa hegte während seiner Regierungszeit zwischen 1679 und 1726 immer wieder Großmachtsfantasien und strebte nach der Kaiserkrone. Er beteiligte sich an den Türkenkriegen und am Spanischen Erbfolgekrieg in wechselnden Allianzen – Letzteres so wenig erfolgreich, dass er schließlich ins Brüsseler Exil flüchten musste und Bayern unter österreichische Besatzung geriet. 1705 kam es zur berühmten »Sendlinger Mordweihnacht«, bei der am 25. Dezember österreichische Soldaten rund 1100 aufständische Bauern aus dem bayerischen Oberland vor der Sendlinger Kirche förmlich massakrierten. Im 18. Jh. wurde München noch zwei weitere Male von österreichischen Truppen besetzt, weil Kurfürst **Karl Albrecht** sich in den österreichischen Erbfolgekrieg auf Seiten Frankreichs eingemischt hatte, und 1796 dringen die **Franzosen** bis nach München vor. Der ungeliebte Kurfürst **Karl Theodor** aus der pfälzischen Nebenlinie der Wittelsbacher hatte fünf Jahre zuvor bereits die Stadtmauern schleifen lassen, um die weitere Ausdehnung Münchens zuzulassen. Das ermöglichte letztlich das starke Wachstum der Stadt unter den dann folgenden bayerischen Königen. Wie fast überall in Europa finden übrigens auch im erzkatholischen München vom 15. bis ins frühe 18. Jh. hinein Hexenverfolgungen statt. Der Großteil der Opfer sind, wie überall sonst auch, Frauen. Nur vereinzelt werden Männer und sogar Kinder angeklagt.

Krone von Napoleons Gnaden

Kurfürst **Max IV. Joseph** war der erste von Karl Theodors Nachfahren. 1806 wurde er zum **König Max I. Joseph** von Napoleons Gnaden gekrönt. Seine große Leistung war die Reform der bayerischen Verwaltung, und er ließ seinem Minister **Graf Montgelas**, einem aufgeklärten Freigeist, lange freie Hand. Montgelas trieb insbesondere die Säkularisation der Klöster und Kirchen voran – gerade für München, das die Wittelsbacher zum Zentrum der Gegenreformation ausgebaut hatten, mit zahlreichen Klöstern in der Innenstadt, kam das einem Umsturz von oben gleich. Die einschneidendsten Veränderungen aber bewirkte Max Josephs Sohn, der spätere König **Ludwig I.** Kein bayerischer Herrscher vor und nach ihm hat München wohl so verändert wie er. Der Ästhet und Feingeist, der sich schon als Kronprinz begeistert hatte für das antike Rom und Griechenland, wollte aus seiner Hauptstadt ein »Isar-Athen« machen, und das zog er auch konsequent durch. Seine wichtigsten Baumeister, Klenze und Gärtner, stellten ihm die Kulissen für

> **Lolas Lover**
>
> Im Revolutionsjahr 1848 dankte König Ludwig I. ab – vordergründig wegen seiner Liebesaffäre mit der angeblich spanischen Tänzerin Lola Montez, die dem alternden Herrscher den Kopf verdreht hatte und von der Münchner Bevölkerung, die mehr Bürgerrechte forderte, vertrieben worden war.

seine griechisch-römisch-romani-
sche Traumwelt zur Verfügung, der
Magistrat durfte kräftig dafür zahlen, aber das Wachstum der kleinen
Residenzstadt mit ihren kaum einmal 50 000 Einwohnern war vorge-
zeichnet. Die Münchner der damaligen Zeit hätten wohl gerne verzichtet
auf Ludwigstraße und Königsplatz,
auf Siegestor und Propyläen; ihnen
hätte es vermutlich gereicht, wenn
von Ludwig I. nur das **Oktoberfest**
geblieben wäre – denn das wird seit
1810, als es zum ersten Mal anlässlich
der Vermählung des damaligen
Kronprinzen Ludwig mit Therese
von Sachsen-Hildburghausen gefeiert wurde, alle Jahre wiederholt, die
Kriegsjahre ausgenommen.

Eine verhängnisvolle Affäre

Ludwig selbst nahm ein eher un-
rühmliches Ende. Er musste zugunsten seines Sohnes Maximilian ab-
danken, nachdem seine Affäre mit
der angeblichen spanischen Tänzerin **Lola Montez** allzu ausgelassen
verlief und er die Hochstaplerin gar
zur Gräfin von Landsfeld machen
wollte. Für die empörten Bürger war
damit die Revolution von 1848 erle-
digt, nur wegen der Erhöhung der
Bierpreise kam es im Herbst dessel-
ben Jahres noch einmal zu größerem
Aufruhr.

Ludwigs Sohn **Max II. Joseph** verlegte sich mehr auf die Förderung
der Wissenschaften, er ließ die Maximilianstraße erbauen und das Maximilianeum, das später Sitz des Bayerischen Landtags werden sollte.
Ludwig II. hingegen war ungern in
München und hinterließ nur wenig
Bemerkenswertes hier. Mit dazu beigetragen hat vermutlich, dass der
Magistrat absolut kein Festspielhaus
für Richard Wagner am Isarhochufer

Die Affäre Ludwigs I. mit der irischen Tänzerin Lola Montez (▸ S. 11, porträtiert vom
Hofmaler Joseph Stieler) beschwor in Bayern eine Staatskrise herauf.

Bilder wie »Die gelbe Kuh« des Münchner Malers Franz Marc, Mitbegründer des Künstlerkreises »Blauer Reiter«, galten in der NS-Zeit als »Entartete Kunst«(▶ S. 55).

bezahlen wollte und Ludwig damit nach Bayreuth ausweichen musste.

Der liberale Prinzregent

Nach Ludwigs rätselhaftem Tod im Starnberger See übernahm sein Onkel als **Prinzregent Luitpold** die Regierung – der eigentliche Thronfolger Otto war geisteskrank. Das war in gewisser Weise ein Segen für die Stadt. Die recht liberale Amtsführung des jovialen älteren Herrn an der Spitze des Staates ließ vieles zu, was andernorts nicht möglich gewesen wäre. Das prosperierende Bürgertum ermöglichte vielen Künstlern und Architekten zumindest ein leidliches Auskommen, manche von ihnen wie Stuck, Lenbach, Kaulbach und Hildebrand brachten es gar zum Großkünstler und konnten sich repräsentative Stadtvillen bauen. Kunstbewegungen wie der Jugendstil oder später der »Blaue Reiter« konnten sich einigermaßen ungehindert entfalten. München war endgültig zur **Stadt der Künste** geworden.

Der große Einbruch kam mit dem **Ersten Weltkrieg**. Im Kriegswinter 1918 gingen die Menschen überall auf die Straße, und in München versammelten sie sich täglich auf der Theresienwiese, um gegen den Krieg zu protestieren. Am 7. November eskaliert die Situation. Die aufgebrachte Menge zieht durch die Innenstadt. Einer ihrer Anführer ist der jüdische Journalist, Pazifist und Mitbegründer der USPD (Unabhängige Sozialistische Partei Deutschland), **Kurt Eisner**. Mit seinen Anhängern zieht er von Kaserne zu Kaserne, um die Soldaten für den Umsturz zu gewinnen. Das Vorhaben gelingt. Am Abend verschanzen sich die Revolutionäre im Mathäserbräu und wählen **Revolutionsräte**.

Nach den tödlichen Schüssen auf Ministerpräsident Kurt Eisner (▸ S. 13) wurde dieses Plakat am Schauplatz des Attentats, in der Promenadestraße, angebracht.

Am nächsten Morgen hängen überall Plakate mit der Aufschrift: »Bayern ist fortan ein Freistaat.« Kurt Eisner wird der erste Ministerpräsident dieses **Freistaats**, führt unter anderem das Frauenwahlrecht ein und kündigt die ersten freien Wahlen für den Januar 1919 an. Doch dann erweist sich, dass die Revolution letztlich nur der kurzzeitige Sieg einiger weniger Intellektueller in einer günstigen historischen Situation gewesen ist. Bei der Landtagswahl kommt Eisners USPD auf lediglich 2,5 % der Stimmen. Auf dem Weg zum Landtag, wo er seinen Rücktritt einreichen will, wird Eisner am 21. Februar 1919 vom **Grafen von Arco auf Valley**, einem rechtsradikalen Adeligen, der zum Umfeld der Thule-Gesellschaft gehört, hinterrücks erschossen. Der politische Mord bringt die Münchner noch einmal auf die Barrikaden, 100 000 folgen dem Leichenzug Eisners, und wieder bahnt sich eine revolutionäre Bewegung an. Am 7. April 1919 ist es soweit: Die SPD-geführte Landesregierung muss wegen des Aufstands nach Bamberg fliehen, und Münchens Revolutionäre rufen die **Räterepublik** aus. Doch der kurze Frühling der Anarchie dauert nur 24 Tage.

> **»Derfan die des?«**
>
> König Ludwig III., bei seinen Untertanen nur der »Millibauer« (Milchbauer) genannt wegen seiner Vorliebe für Ackerbau und Viehzucht, wird vom Umsturz beim Spaziergang im Hofgarten überrascht. Ein Passant teilt ihm mit, dass nun Revolution sei, und angeblich soll der König nur erstaunt gefragt haben: »Ja, derfan die des?« (»Ja, dürfen die denn das?«).

Ausgerechnet am 1. Mai marschieren »die Weißen«, Verbände aus Reichswehr und Freikorps-Truppen, in München ein und richten ein Blutbad an. Mehr als 600 Menschen kommen zu Tode, Tausende von »Verschwörern« werden festgenommen und zu langen Zuchthausstrafen verurteilt.

Eine Stadt in Trümmern

In der Folgezeit wurde München fast ebenso reaktionär, wie es zuvor revolutionär gewesen war. Die Stadt galt als »Ordnungszelle« der Weimarer Republik, und das konservative Großbürgertum unterstützte Adolf Hitler nach Kräften, auch der gescheiterte **Putsch von 1923** änderte daran nichts. 1935 macht Hitler München zur »Hauptstadt der Bewegung« in Anlehnung an die dortigen Anfänge der NSDAP (▶ S. 53). Ohne die Finanzspritzen aus dem Münchner Establishment wäre die Nazi-Bewegung wohl nie zu dem geworden, was sie schließlich wurde. Und so hat die Stadt ihre eigene Zerstörung im Zweiten Weltkrieg auf diesem indirekten Wege auch noch selbst finanziert. Denn nach den zwölf Jahren zwischen 1933 und 1945 hatte der Bombenkrieg ein Trümmerfeld hinterlassen, mehr als 6600 Opfer in der Zivilbevölkerung gefordert. 60 % der Bausubstanz waren zerstört, die halbe Stadt war entvölkert, ein großer Teil der Bevölkerung war evakuiert, auf den Schlachtfeldern in ganz Europa gefallen oder geflohen.

Die Geschichte des Wiederaufbaus nach 1945 ist zugleich auch eine Geschichte des Wiederaufstiegs. München profitierte dabei davon, dass es in der **amerikanischen Besatzungszone** lag, denn viele große Unternehmen, wie etwa Siemens, verlegten ihren Sitz aus der sowjetischen Besatzungszone in den Süden des Landes: mit einer der Gründe, warum die Stadt an der Isar bis heute eine wirtschaftlich blühende Boomtown geblieben ist.

Wesentlich dazu beigetragen hat auch die pragmatische Politik der überwiegend sozialdemokratischen Oberbürgermeister. **Thomas Wimmer**, 1948 erstes frei gewähltes Stadtoberhaupt nach dem Krieg, war ein Mann aus dem Volke: »Ramadama« (»Räumen tun wir«) lautete sein berühmtes Schlagwort. Dass zum Beispiel die fast komplett zerstörte Innenstadt wieder weitgehend »in alter Form« aufgebaut wurde und nicht wie andernorts durch Neubauten noch einmal platt gemacht wurde, ist mit sein Verdienst. Freilich, in den 1960er-Jahren gab es immer wieder Pläne für eine »moderne, autogerechte Stadt« mit mehrspurigen Schnellstraßen entlang der Isar oder großen Hochhäusern anstelle des Viktualienmarkts. Durchsetzen konnten die Kahlschlagmodernisierer sich jedoch nur in einzelnen Teilbereichen.

> **München am See**
>
> Als es um den Wiederaufbau der Stadt nach dem Zweiten Weltkrieg ging, gab es auch den absurden Vorschlag, die Trümmerwüste zurückzulassen und München am Starnberger See völlig neu zu errichten. Diese Pläne wurden allerdings nie ernsthaft verfolgt.

Olympia an der Isar

Die größten Veränderungen in der Nachkriegszeit brachten die **Olympi-**

Die Olympischen Sommerspiele 1972 (▶ S. 15), im Bild die Eröffnungszeremonie im Olympiastadion, brachten mit mehr als 7000 Athleten einen neuen Teilnehmerrekord.

schen Spiele im Jahr 1972 mit sich, die der damalige Oberbürgermeister **Hans-Jochen Vogel** nach München geholt hatte. Binnen weniger Jahre wurde die Stadt in diesen Tagen von einer immer noch beschaulichen Großstadt aus vielen kleinen Dörfern zu einer richtigen Weltmetropole. Durch die Olympischen Spiele konnten unter anderem S- und U-Bahn-Ausbau finanziert und die Altstadt in weiten Teilen zur Fußgängerzone ausgebaut werden. Nicht zuletzt entstand das Olympiagelände mit seinem berühmten Zeltdach, das als architektonisches Meisterwerk gilt. Die Spiele vermittelten eine neue Leichtigkeit, den Charme der frühen 1970er-Jahre, und hätte es nicht das fürchterliche Attentat palästinensischer Terroristen auf die israelische Mannschaft gegeben, das im Desaster

endete: Die heiteren Spiele hätten ganz neue Maßstäbe gesetzt für ein derartiges Sportereignis.

Freilich: Dass München trotzdem ein Stück lebenslustiger, eleganter, ausgelassener und finanziell potenter ist als andere deutsche Städte, diese Einschätzung setzte sich bis heute durch. Auch politisch gesehen ist München eine Ausnahme unter den deutschen Großstädten. Seit 1990 etwa regiert ein rotgrünes Bündnis im Münchner Rathaus, es ist damit das älteste und am längsten bestehende. Unter dem langjährigen Oberbürgermeister **Christian Ude** hat man sich einer behutsamen Fortentwicklung verschrieben und steht damit im Einklang mit der Münchner Volksseele, die Veränderungen zwar nicht ablehnt, im Grunde aber stolz ist auf ihre Stadt, so wie sie ist.

Rundgang durch die Jahrhunderte

Jahrhundertelang spielte sich die Stadtgeschichte auf engstem Raum ab: innerhalb der sehr überschaubaren Altstadt. Deshalb stößt man an allen Ecken und Enden auf historische Zeugnisse – und das, obwohl neun Zehntel aller Gebäude in der Innenstadt am Ende des Zweiten Weltkriegs zerstört waren. Angefangen bei den Stadttoren der frühen Stadtbefestigung über die Zeit der Herzöge und Kurfürsten bis hin zur jüngsten Vergangenheit: Ein paar Stunden reichen aus, um Münchner Geschichte kennenzulernen.

◄ Das Karlstor (► S. 17), eines der drei erhaltenen Münchner Stadttore, markiert den Beginn der Fußgängerzone

START U-Bahn: Sendlinger Tor
ENDE U-Bahn: Odeonsplatz
DAUER 2–3 Stunden

Das **Sendlinger Tor** ist jenes der drei noch erhaltenen Stadttore aus dem frühen 14. Jh., das wohl noch am ehesten seinem ursprünglichen Bauzustand entspricht – und das, obwohl der ursprüngliche mittlere Torturm 1808 abgerissen wurde und nur noch die beiden Flankentürme stehen. Das Sendlinger Tor aber wurde wenigstens nicht, wie die beiden anderen, Isar- und Karlstor, dem jeweiligen Zeitgeschmack entsprechend umgebaut und hat immer noch sein unverputztes Backsteinkleid. Aus diesem Baumaterial bestand die gesamte Mauer der zweiten Stadtbefestigung, die Kaiser Ludwig der Bayer, damals noch Herzog, Ende des 13. Jh. anlegen ließ und die erst um 1795 weitgehend beseitigt wurde, um die Stadt nach allen Seiten hin erweitern zu können.

St. Johann Nepomuk
Der Kirchenpatron Johann Nepomuk wurde erst 1729 heiliggesprochen und war Schutzpatron des Kurfürstentums Bayern. 1393 war er in Prag von der Karlsbrücke in die Moldau gestürzt worden, weil er sich geweigert haben soll, das Beichtgeheimnis zu brechen und dem böhmischen König preiszugeben, was die Königin ihm anvertraut hatte.

Schnickschnack und Rokoko

Vom Sendlinger Tor aus gehen Sie die Sendlinger Straße auf der linken Seite in Richtung Norden. Viele kleine Geschäfte befinden sich hier, vom Teeladen über Jeans-Shops bis hin zu modischen Geschenkeläden mit allerlei Krimskrams, denn die Sendlinger Straße ist eine typische Einkaufsgegend der Innenstadt. Nach gut 100 m erreichen Sie das Haus Nr. 34, das durch seine üppig geschmückte Fassade auffällt. Doch sie kommt kaum an gegen die direkt anschließende Kirche. Es handelt sich bei den beiden Bauwerken um das **Asamhaus** und die **Asamkirche**, zwei Meisterwerke des Münchner Rokoko. Die Bildhauer- und Künstlerfamilie um die beiden Brüder Cosmas Damian und Egid Quirin Asam baute sich hier zwischen 1730 und 1740 nicht nur ein prunkvolles Wohnhaus, sondern eben auch die Privatkirche St. Johann Nepomuk, die in München aber fast nur als Asamkirche bekannt ist. Der Künstlerwohnsitz auf Nr. 34 ist einer der prunkvollsten seiner Zeit; die Fassade mit ihrer reichen Stuckverzierung lohnt eingängigere Betrachtung. Egid Quirin Asam hat hier im unteren Bereich vor allem die drei Bildenden Künste Malerei, Plastik und Architektur sinnbildlich dargestellt, die oberen Stockwerke sind der Kirche und der Religion vorbehalten.

Eigentlicher Höhepunkt aber ist natürlich die Asamkirche. Schon die opulente Fassade mit ihren beiden mächtigen Säulen und dem knienden Johann Nepomuk über dem Eingangsportal ist ein Rokokoschauspiel ersten Ranges. Drinnen aber entfaltet sich auf einer recht kleinen Grundfläche von 22 x 8 m erst die ganze Pracht: Putten und Engel, überreiche Stuckverzierungen, gold- und silberverzierte Heiligendarstellungen, Galerien und verdeckte Fenster, die für eindrucksvolles Dämmerlicht sorgen, illustrieren die Geschichte des Titelheiligen, und es scheint so, als hätten die Asam-Brüder hier beispielhaft all ihre Kunstfertigkeit demonstrieren wollen. Das imposante Deckenfresko stammt von Cosmas Damian Asam; beachten Sie auch den Hochaltar mit den vier gewundenen Säulen, er enthält unterhalb des Tabernakels einen gläsernen Schrein mit der Wachsfigur des hl. Johann Nepomuk.

Rechts neben der Asamkirche findet sich mit dem sogenannten **Priesterhaus** noch eine weitere architektonische Besonderheit: Es ist die einzige noch annähernd im Original erhaltene Bürgerhausfassade des Spätbarock und wurde 1773 fertiggestellt. Noch immer ist es im Besitz der katholischen Kirche.

Gotteshäuser und Wirtshäuser

Nach wenigen Metern beginnt links die **Asampassage**, die Sie nun durchqueren. Geschäfte des Einzelhandels wechseln ab mit Espresso-Bars, Cafés und Restaurants, der Innenhof der 1983 entstandenen Passage enthält einige interessante Kunstwerke, darunter auch die Zementplastik »Die kalte Nacht« der ungarischen Künstlerin Emese Zavory, die einen hingekauerten Penner in Lebensgröße darstellt – eine ungewöhnliche Arbeit für München, schließlich entstand sie in jenen Jahren, als Obdachlose und Bettler noch per städtischer Verordnung aus der Innenstadt verwiesen worden sind.

Am Ende der Passage gelangen Sie in die Kreuzstraße und stoßen auch gleich auf die **Allerheiligenkirche am Kreuz**. Auffallend ist ihr gewaltiger vierkantiger Turm, der im Vergleich zum kleinen Kirchenschiff ziemlich überproportioniert wirkt. Die Allerheiligenkirche am Kreuz wurde bis 1485 von Jörg von Halspach, dem Baumeister der Frauenkirche und des Alten Rathauses, als Friedhofskirche der Stadtpfarrei St. Peter erbaut und vermittelt durch ihre Ausmaße einen guten Eindruck von der gedrängten Enge, die in der mittelalterlichen Stadt geherrscht haben mag.

Folgen Sie nun der Kreuzstraße nach Norden und biegen rechts in die Brunnstraße ein, die in die Hackenstraße übergeht. Am Haus Hackenstraße 7 befindet sich eine **Gedenktafel** für Heinrich Heine, der zwischen 1827 und 1828 für ein paar Monate hier wohnte. Heine hatte sich Hoffnungen gemacht auf eine Professur an der Münchner Universität, scheiterte aber am Widerstand der konservativen Katholiken, die er sich durch seine Publikationen zu Feinden gemacht hatte.

Sie gehen nun vorbei an der **Hundskugel**, einem der ältesten Münchner Wirtshäuser, das einst der schillernde Münchner Promi-Schneider Rudolph Moshammer erworben und liebevoll restauriert hat, das aber nicht mehr als Wirtshaus dient. An der Ecke Hacken-/Sendlinger Straße finden Sie dann den Stammsitz der **Hackerbrauerei**, die hier seit 1363 bestand. Das jetzige Gebäude im klassizistischen Stil wurde erst 1831 gebaut, in der Gaststätte Altes Hackerhaus an der Sendlinger Straße 14 kann man noch das Kellergewölbe der ehemaligen Brauerei aus dem 15. Jh. und den schönen Innenhof besichtigen und dort auch speisen.

Schmuckstück: die neue Synagoge

Sie überqueren nun die Sendlinger Straße und kommen über die kleine Hermann-Sack-Straße zum **St.-Jakobs-Platz** 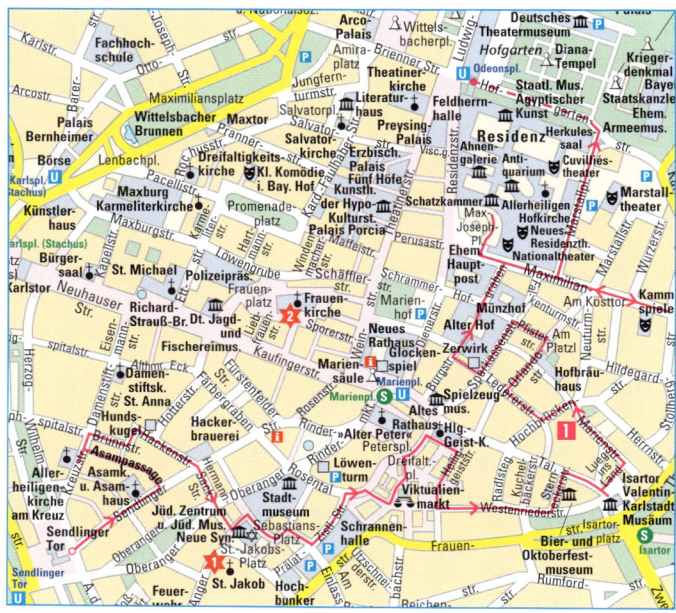 . Auf dieses 2007 fertiggestellte Ensemble ist die Stadt mit Recht stolz. Denn hier, auf einem der ältesten Plätze inmitten der Stadt, entstand das neue **Jüdische Gemeindezentrum** mit der **Synagoge Ohel Jakob** und dem städtischen **Jüdischen Museum**. Die drei kubischen Baukörper nach dem Entwurf des Saarbrücker Architekturbüros Wandel Hoefer Lorch sind bewusst konträr gesetzt und geben dem kleinen Platz so eine erstaunliche Weite. Die Synagoge besteht aus einem qua-

derförmigen Unterbau, der an die Jerusalemer Tempelmauer erinnert, und einen ebenfalls kubischen Überbau aus Glas und Stahl, der ein Zelt versinnbildlichen soll. Die neue Synagoge ersetzt seit 2007 die ehemalige Hauptsynagoge in der Herzog-Max-Straße, die 1887 erbaut und 1938 von den Nazis niedergebrannt worden ist. Über die lange und wechselvolle Geschichte der Münchner Juden kann man sich im angrenzenden Jüdischen Museum informieren; eine kleine Dauerausstellung mit den wenigen erhaltenen historischen Exponaten erinnert daran. Ergänzend dazu zeigt das Haus immer wieder Wechselausstellungen zu verschiedenen Aspekten der münchnerischen und bayerischen Geschichte des Judentums. Doch auch wenn das neue Jüdische Zentrum ein sichtbares Zeichen dafür ist, dass das Münch-

Seit 2007 bereichern Synagoge und Jüdisches Museum (▶ S. 19) den lange Zeit etwas stiefmütterlich behandelten St.-Jakobs-Platz.

ner Judentum wieder in der Mitte der Stadtgesellschaft angekommen ist: Die hohen Sicherheitsvorkehrungen auf dem Platz sind leider immer noch nötig, und dass Neonazis bei der Grundsteinlegung für das Zentrum einen Anschlag geplant hatten, der aber rechtzeitig vereitelt werden konnte, lässt ahnen, dass auch mehr als 60 Jahre nach Ende des Nazi-Terrors leider noch keine völlige Normalität eingekehrt ist.

Giebelhäuser mit »Ohrwaschl«

Neben dem Jüdischen Gemeindezentrum ist am St.-Jakobs-Platz noch das Haus Nr. 15 am Südwestende des Platzes sehenswert. Es stammt im Kern aus dem Spätmittelalter und war später das Wohnhaus des Rokokobildhauers Ignaz Günther (1725–1775), der heute als einer der bedeutendsten europäi-schen Künstler seiner Zeit gilt. Rechts davon, am nördlichen Ende des Platzes am Oberanger, steht das ehemalige Zeughaus der Stadt aus dem Mittelalter, heute beherbergt es die Dauerausstellung des **Münchner Stadtmuseums**. Die daran anschlie-ßenden, spätmittelalterlich wirken-den Gebäude des Stadtmuseums sind allerdings nachempfundene Neubauten aus den 1970er-Jahren.

An der Synagoge vorbei kommen Sie zum **Sebastiansplatz**, einem weite-ren geschichtsträchtigen Ort mit ei-nigen gut erhaltenen Bürgerhäusern, die im Kern aus dem 15. Jh. stam-men. Charakteristisch für sie sind die beiden Halbgiebel links und rechts des Dachs, die von den Münchnern »Ohrwaschl« genannt wurden, weil sie an Ohren erinnern. Sie waren an den Häusern deshalb seitlich ange-bracht, damit das Regenwasser nicht auf das Nachbarhaus lief. Das

München im Jahre 1858, vom St. Petersthurme aus.

Die Mitte des 19. Jh. errichtete Schrannenhalle (▶ S. 21) diente einst als Getreidemarkt. Nach Umbau und Wiedereröffnung beherbergt sie attraktive Verkaufsstände.

schrieb die offenbar schon im Mittelalter recht rigide Münchner Bauordnung vor. Früher waren an den Halbgiebeln Aufzugsrollen befestigt, mit denen man Vorräte zum Lagern bis unters Dach transportieren konnte.

Am Sebastiansplatz sehen Sie auch schon die breite Front der 2005 wiederaufgebauten **Schrannenhalle**. Sie ist ein Denkmal der Industriebaukunst des 19. Jh., anders als früher ist sie heute jedoch keine frei stehende Markthalle für Getreide mehr, sondern umfassend mit Stahl und Glas verkleidet, was ihr viel von der einstigen Eleganz nimmt. Die Schrannenhalle, 1853 von Karl Muffat gebaut, war der erste Eisenkonstruktionsbau der Stadt

> **Fische für Bayern**
>
> Der älteste ununterbrochen bestehende Stand auf dem Viktualienmarkt verkauft keineswegs Münchner Schmankerl. Ausgerechnet die Nordseefischhalle hat die längste Tradition: Sie besteht seit 1898.

und galt mit ihren damals 430 m Länge als technische Meisterleistung (wiederaufgebaut wurde jedoch nur ein Teilstück von etwa 110 m Länge). Südlich der Schrannenhalle findet sich ein Relikt aus dem Zweiten Weltkrieg: der 1941 errichtete **Hochbunker** an der Blumenstraße, der 1200 Münchnern Schutz vor den Bombenangriffen der Alliierten bieten sollte. Vom Sebastiansplatz aus wenden Sie sich nach links, vorbei an weiteren alten Bürgerhäusern, überqueren die Prälat-Zistl-Straße und kommen zum **Viktualienmarkt**. Seit mehr als 200 Jahren werden hier Gemüse, Fleisch, Fisch, Wein, Käse, Kräuter, Pilze und andere Delikatessen angeboten – von hoher Qualität und leider auch zu entsprechenden Preisen. Der Viktualienmarkt ist aber auch ein Biotop für Sonderlinge, Tagträumer, Szenepublikum, gestandene Bayern und grantige Marktfrauen. Es lohnt sich, etwas länger zu verweilen, denn hier trifft man ganz München mit seinem Schein und Sein auf engstem Raum konzentriert an.

Spitzweg lässt grüßen

Am nordöstlichen Ende des Marktes, bei der **Heiliggeistkirche**, die das letzte Überbleibsel des ehemaligen Heiliggeist-Spitals darstellt, biegen Sie nach rechts in die Heiliggeiststraße ein. Hier tauchen Sie in eine ganz andere Welt ein: kleine, verwinkelte Gässchen, in die kaum Tageslicht eindringt, und es scheint so, als habe sich hier seit der Zeit des Biedermeiers kaum etwas verändert. Und vor seinem geistigen Auge sieht man

förmlich Carl Spitzweg vor seiner Staffelei sitzen und die Szenerie malen. So abwegig ist das nicht, denn der Maler hat tatsächlich in diesem Viertel eine lange Zeit seines Lebens gewohnt und gearbeitet.

Über den Dreifaltigkeitsplatz und die Westenriederstraße gelangen Sie zur Sterneckerstraße. Dort finden Sie auf Nr. 2 das **Bier- und Oktoberfestmuseum** im wohl ältesten erhaltenen Profanbau der Stadt mit einer echten »Himmelsleiter«, einer durchgehenden Treppe von der Haustür bis zum Dach. Das Museum erzählt aber nicht nur die Geschichte des Bierbrauens, sondern vermittelt auch viel vom städtischen Leben in alter Zeit, denn vieles von der Innenausstattung des um 1340 entstandenen Hauses ist noch gut erhalten oder einfühlsam restauriert worden. Über das Tal, eine der großen Einkaufsmeilen neben der Fußgänger-

Am Viktualienmarkt (▸ S. 21) erfreuen Obst und Gemüse Auge und Gaumen ebenso wie Käse und Wein, Schwammerl (Pilze) oder Blumen, Gewürze und Kräuter.

zone, gelangen Sie nun direkt zum **Isartor**. Es wurde bereits 1337 fertiggestellt und im Laufe der Zeit immer mal wieder verändert, unter anderem um 1774 durch François Cuvilliés und 1835 durch Friedrich von Gärtner. Es ist das einzige Münchner Stadttor, bei dem der große Torturm nicht abgerissen worden ist, so gewinnt man einen guten Eindruck der Befestigungsanlage mit dem Wehrhof in der Mitte und den zwei Flankentürmen an der stadtabgewandten Seite. Das Isartor ist aber auch wegen des **Valentin-Karlstadt-Musäums** im südlichen Turm einen Besuch wert: Hier wird an zahlreichen Stationen das Leben und das Werk des genialen Münchner Komikers und Universalkünstlers Karl Valentin sowie seiner kongenialen Partnerin Liesl Karlstadt beleuchtet. Auch die Tradition der Münchner Volkssänger wird dargestellt.

Rund ums Hofbräuhaus

Vom Isartor aus gehen Sie über die kleine Straße Lueg ins Land und über die Marienstraße – am Haus Nr. 21 sind noch Reste eines ehemals 20 m hohen **Wachtturms** der früheren Stadtmauer erkennbar – zur Hochbrückenstraße. Hier biegen Sie erst links ein und gehen dann gleich wieder rechts in die Ledererstraße. Dass Sie hier in Münchens beliebtestes Ausgehviertel für Touristen kommen, sehen Sie sofort, dennoch gibt es auch hier kleine Bars und Lokale, in die auch Münchner gerne gehen – zum

---

Adele Spitzeder

Die Betrügerin Adele Spitzeder (1832–1895) wurde berühmt durch ihre Privatbank. Sie köderte viele reiche Münchner mit der verlockenden Aussicht auf horrende Gewinne, verbrauchte das Geld aber einfach selbst, statt es anzulegen: unter anderem für eine »Volksküche«, die sie im Orlando-Haus eröffnete.

Beispiel die Bar Centrale (▶ S. 27), die man eher an einem Dorfplatz irgendwo in Italien vermuten möchte, so authentisch mediterran wirkt die kleine Espressobar.

Hard Rock Cafe und ein Sternekoch

An der nächsten Ecke biegen Sie in die Orlandostraße ein und finden sich wieder in einer kleinen Fußgängerzone voller Souvenirläden, Fast-Food-Shops und anderer Touristenfallen. Kein Wunder: Knapp 100 m weiter steht das **Hofbräuhaus**, einer der größten Anziehungspunkte für Touristen aus aller Welt. Früher war hier mal ein altes Handwerkerviertel, doch davon ist nichts mehr zu erkennen. Das 1896 (nach mehreren Vorgängerbauten seit etwa 1600) neu erbaute Hofbräuhaus mit seiner bayerischen Bier- und Brezenbarockfassade hat den Platz völlig eingenommen, daran kann auch das um 1900 erbaute Orlando-Haus an der Nordseite nicht viel ändern: Das **Platzl** ist heute im Wesentlichen ein Vergnügungsviertel für Besucher aus Amerika, Japan, China und Russland. Ein Hard Rock Cafe befindet sich dort, wo einst eine traditionsreiche Volkssängerbühne bestand, den Rest des Platzes scheint Münchens fast schon allgegenwärtiger Meisterkoch Alfons Schuhbeck zu beherrschen, der hier zwei Restaurants, einen Eissalon, einen Gewürzladen, einen Schokoladenladen und eine Kochschule betreibt. Das Hof-

Bier verbindet! Bei einer Mass Bier (oder zwei) im Hofbräuhaus (▶ S. 23) sitzen Touristen, »Zuagroaste« und Einheimische einträchtig beieinander.

bräuhaus selbst aber ist weit mehr als nur ein Gaudi-Tempel für Touristen: Der Biergarten im Innenhof ist im Sommer bei den Münchnern besonders beliebt, weil er angenehm kühl ist, und in den Stuben des ersten Stocks gibt es erstaunlich gute bayerische Küche.

Über die Pfister- und Sparkassenstraße gelangen Sie zum **Zerwirkgewölbe**, in dem zu Zeiten der bayerischen Kurfürsten und Könige das gejagte Wild fachmännisch zerlegt und weiterverarbeitet wurde. In seinen Grundbestandteilen existiert das Gebäude seit 1264; inzwischen wird es hauptsächlich von Clubs und Restaurants genutzt und ironischerweise von einer Bio-Salatbar. Durch den kleinen Durchgang gelangen Sie zur Burgstraße, die rechts in den **Alten Hof** führt, den ersten Regierungs- und Fürstensitz, den München hatte. Der Wittelsbacherherzog Ludwig der Strenge ließ ihn 1255 erbauen, Kaiser Ludwig der Bayer regierte zwischen 1328 und 1347 von hier aus das Heilige Römische Reich Deutscher Nation. Als die Burganlage Ende des 14. Jh. zu klein und zu unsicher geworden war, zog der Herzog in die »Neuveste«, das Kernstück der heutigen Residenz, um. Der Alte Hof wurde seitdem überwiegend als Verwaltungsgebäude genutzt, und noch in

Affenturm

Der Erkerturm des Alten Hofs heißt bei den Münchnern »Affenturm«. Angeblich hat ein Affe aus einer Menagerie Kaiser Ludwig den Bayern als Säugling aus seiner Wiege geraubt und war mit ihm auf den Turm geklettert. Erst nach langem Zureden, so die Sage, habe er das Kind unverletzt wieder zurückgebracht.

Das schicke Café Roma an Münchens Prachtmeile Nummer eins, der Maximilianstraße (▶ S. 26), ist ein beliebtes Plätzchen zum Sehen und Gesehenwerden.

jüngster Zeit verkaufte die Bayerische Staatsregierung Teile davon sogar an Immobilieninvestoren, die
dort Eigentumswohnungen bauten.
Über den nördlichen Ausgang des
Alten Hofs und den Hofgraben erreichen Sie nun die Maximilianstraße. Direkt vor Ihnen befindet sich
das **Nationaltheater**, der wichtigste
Spielort der Bayerischen Staatsoper,
links davon gelangen Sie zum Max-
Joseph-Platz und damit zum Eingang der **Residenz**. Viele Generatio-
nen der bayerischen Herrscher und
des Wittelsbacher Fürstenge-
schlechts haben daran mitgebaut,
auch wenn davon heute von außen
kaum etwas zu bemerken ist, denn
die unter Ludwig I. von Leo von
Klenze gestaltete Fassade beherrscht
den Platz und die angrenzende Residenzstraße völlig. Tatsächlich aber
handelt es sich um ein historisch ge-
wachsenes Ensemble, seit hier Ende

des 14. Jh. die erste Wasserburg, die
sogenannte Neuveste, erbaut worden
ist, und so befinden sich in der Residenz Kunstschätze und architektonische Besonderheiten aus den unter-
schiedlichsten Stilepochen. Das
Antiquarium der Residenz zum
Beispiel, ein prachtvoll ausgestatte-
ter Gewölbebau, der zwischen 1569
und 1600 entstand und der größte
profane Renaissancebau nördlich
der Alpen ist. Oder das **Cuvilliésthe-
ater** aus dem Rokoko, die **Ahnenga-
lerie** und die sogenannten **Reichen
Zimmer**, die der Architekt François
Cuvilliés ausgestattet hat. 130 Reprä-
sentationsräume und Privatgemä-
cher, sieben Höfe, Kapellen, Kirche,
zahlreiche Nebengebäude – wer die
Residenz einigermaßen gründlich
erforschen will, braucht allein schon
mindestens einen Tag. Zu den Höhepunkten der fürstlichen Sammlungen gehört die **Schatzkammer**, die

Herzog Albrecht V., ein fanatischer Sammler, bereits im Jahr 1565 begründete: Meisterwerke aus Gold, Elfenbein, Edelstein und Bronze aus vielen Jahrhunderten kann man hier besichtigen, darunter die berühmte Reiterstatuette des hl. Georg, die einen eigenen Raum bekommen hat, oder auch die bayerischen Kroninsignien. Manche sagen, Albrecht V. habe mit seiner Schatzkammer das Museum als solches eigentlich erst erfunden. Bedeutend ist die **Staatliche Münzsammlung**, die heute rund 300 000 Einzelobjekte an Münzen, Medaillen, Banknoten, Wertpapieren und anderen Zahlungsmitteln besitzt.

Prachtmeile Maximilianstraße

Glanz und Gloria der Gegenwart kann man am besten in der **Maximilianstraße** erleben. Angelegt nach 1850 von König Max II. Joseph und seinem Hofbaumeister Friedrich Bürklein als Prachtboulevard, hat sie bis heute nichts von ihrer Bedeutung eingebüßt: Im Gegenteil, sie gilt als Luxusmeile schlechthin. Exklusive Designerboutiquen und Geschäfte bestimmen das Straßenbild, wer hier einkauft, für den sind hohe Preise kein Problem. Und so sieht man auf den Gehsteigen viele Herren in teuren Anzügen und späte, mehr oder weniger gut geliftete Schönheiten im kleinen Schwarzen; die Parkspur ist weitaus mehr von Porsches und anderen Nobelkarossen belegt als an-dere Straßen der Stadt. Ein Bummel über die »Maxi«, wie der Münchner salopp sagt, zeigt Ihnen die Schau- und Protzseite der Stadt und die ihrer reichen Besucher, oft aus arabischen Ländern oder aus Russland. Gehen Sie auf der südlichen Seite vorbei am Schauspielhaus der **Kammerspiele** (übrigens eines der schönsten noch erhaltenen Jugendstiltheater überhaupt und erst vor einigen Jahren aufwendig renoviert) bis zum Altstadtring und kehren Sie dann auf der anderen Straßenseite zurück. Dort befindet sich auch das Luxushotel **Vier Jahreszeiten** – mit einem sehr schönen Foyer, in dem man wunderbar und sehr stilvoll Tee trinken kann.

Die letzte Etappe dieses Spaziergangs durch die Jahrhunderte führt über den **Marstallplatz** mit seinen modernen Neubauten rund um den alten Marstall, der heute als Theaterbühne dient. Hinter der Oper vorbei liegt etwas versteckt die **Allerheiligenhofkirche**, ursprünglich ein Klenzebau, der jetzt, nach den Kriegszerstörungen seines Innenraumschmucks beraubt, als Konzertsaal und Ausstellungsraum dient und eine ganz eigene, puristisch-schöne Ausstrahlung hat. Vor der Staatskanzlei biegen Sie sodann rechts am **Hofgarten** ab und gehen die nördliche Residenzfassade entlang. An den Hofgartenarkaden treffen Sie auf einen Durchgang zum Odeonsplatz, wo Sie gleich rechter Hand den Eingang zur U-Bahn finden.

Polierte Nasen

Die beiden Bronzelöwen, die das Eingangsportal zur Residenz am Odeonsplatz bewachen, haben's nicht leicht. Sie bekommen jeden Tag hunderte Male die Nase poliert, denn echte Münchner wissen: Beim Vorübergehen an die Löwenschnauze fassen bringt Glück.

SEHENSWERTES

Synagogenführung ▸ S. 150, c 6

Führungen durch die Synagoge müssen vorher vereinbart werden und kosten pro Person 5 €, für Schulklassen sind sie kostenlos. Sie finden sonntags bis donnerstags statt.

Voranmeldung unter 0 89/2 02 40 01 00 oder unter E-Mail: anmeldung@ ikg-m.de

MUSEEN

Bier- und Oktoberfestmuseum ▸ S. 151, d 5

Kaum zu glauben, dass dieses Museum erst seit 2005 besteht. Es informiert umfassend über die Geschichte des Münchner Bieres und des Oktoberfests.

Sterneckerstr. 2 • www.bier-und-oktoberfestmuseum. de • Di–Sa 13–18 Uhr • Eintritt 4 €

Residenzmuseum ▸ S. 151, d 3

Zwei tägliche Führungen helfen dabei, den verschachtelten Baukomplex mit seinen vielen Schauräumen kennenzulernen.

Residenzstr. 1 • April–15. Okt. tgl. 9–18, 16. Okt.–März tgl. 10–17 Uhr • Eintritt 7 €, mit Schatzkammer 11 €

ESSEN & TRINKEN

Landersdorfer & Innerhofer ▸ S. 150, b 4

Stilvolles Gourmetrestaurant mit Schwerpunkt auf regionaler Küche.

Hackenstr. 8 • Tel. 0 89/26 01 86 37 • www.landersdorferundinnerhofer. de • Mo–Fr 11.30–15 und 18.30–1 Uhr • €€€

Bar Centrale ▸ S. 151, d 4

Stilechte italienische Bar, gleich ums Eck vom Hofbräuhaus.

Ledererstr. 23 • Tel. 0 89/22 37 62 • www.bar-centrale.com • Mo-Sa 7.30–1, So 9–1 Uhr • €€

Brenner ▸ S. 151, d 4

Mediterrane Küche und beste Steaks vom Grill, dazu schöne Bars und Loungebereiche für ein schickes Publikum.

Maximilianstr. 15 • Tel. 0 89/4 52 28 80 • www.brennergrill.de • Mo–Do 8.30–1, Fr, Sa 8.30–2, So 9.30–1 Uhr • €€

Turmstüberl im Isartor ▸ S. 151, e 5

Im »Volkssängerlokal« gibt es Schmalznudeln, Kuchen und kleine Gerichte zu reellen Preisen.

Tal 50 • Tel. 0 89/29 37 62 • www.valentin-musaeum.de/turmstueberl • Mo, Di, Do 11–17.30, Fr, Sa 11–18, So 10–18 Uhr • €

Bürger, Geldadel und echte Fürsten

Vom Mitte des 19. Jh. erwachenden Bürgerstolz kündet das Neue Rathaus auf dem Marienplatz. Das Bürgertum wurde sich damals seiner langen Geschichte und Bedeutung bewusst, und rund um den Hauptplatz der Stadt finden sich frühe Zeugnisse dieser Geschichte. Nördlich davon beginnt das fürstliche München mit seinen Stadtpalästen und repräsentativen Plätzen. Heute kann man hier jenen begegnen, für die München auch bekannt ist: die Reichen und Schönen der Republik.

◄ Der Marienplatz (► S. 29) mit dem Neuen Rathaus ist das Herz Münchens.

◄ Der Marienplatz (► S. 29) mit dem

START/ENDE U-/S-Bahn: Marienplatz
DAUER 2–3 Stunden

Am **Marienplatz** befand sich jahrhundertelang der städtische Markt, bevor er 1807 ums Eck auf das Gelände des Heiliggeistspitals, den heutigen Viktualienmarkt, verlegt wurde. Hier finden fast alle politischen Großveranstaltungen statt, und wenn der FC Bayern mal wieder Deutscher Meister wird, feiern die Fans ausgelassen auf dem Marienplatz. Und nicht zuletzt kommen alle Touristen hierher, um das **Glockenspiel** im Rathausturm zu erleben (tgl. um 11 und 12 Uhr, von Mai bis Okt. auch um 17 Uhr).

Viele von ihnen halten das Rathaus sicher für ein typisches Beispiel deutscher Gotik. Dabei ist es zwischen 1867 und 1908 in mehreren Bauabschnitten nach den Plänen von Georg Hauberrisser entstanden und ein neugotischer Monumentalbau im Zuckerbäckerstil, dessen kunsthistorischer Wert eher begrenzt ist. Immerhin, die Fassade weist zahlreiche Figuren und Porträts auf, nicht nur von bayerischen Fürsten, sondern auch von Drachen und Fabeltieren, und für das **Münchner Kindl** auf der Turmspitze stand der beliebte Volksschauspieler Ludwig Schmid-Wildy Modell, als er selbst noch ein Kind war.

Von Gotik bis Zuckerbäckerstil

Das **Neue Rathaus** ersetzte das alte, das Mitte des 19. Jh. trotz mehrerer (im Zweiten Weltkrieg zerstörter) Anbauten zu klein geworden war.

Heute ist vom **Alten Rathaus**, das von Jörg von Halspach, dem Baumeister der Frauenkirche, 1470–1480 errichtet worden ist, nur noch der Saalbau erhalten. Der aber hat es in sich: Das schöne hölzerne Tonnengewölbe im ersten Stock mit seinem Wappenfries und den Kopien der Moriskentänzer des Bildhauers Erasmus Grasser gilt als ein Meisterwerk der Gotik. Er wird heute vorwiegend für städtische Empfänge genutzt, kann von Mai bis Oktober aber auch besichtigt werden (Mo–Fr 10–13 Uhr). Der Ratsturm daneben wurde übrigens erst 1972 wieder aufgebaut, rekonstruiert nach dem Aussehen von 1462. Im Krieg war er völlig zerstört worden. Er bildete früher den Übergang ins Tal, an dem das Heiliggeistspital begann, anfangs eine Pilgerherberge, die später zum Kranken-, Waisen- und Irrenhaus unter kirchlicher Leitung ausgebaut wurde und von den Münchner Patriziern und Ratsherren, die ja alle in den Himmel kommen wollten, kräftig unterstützt wurde. Wie überhaupt mildtätige Gaben im Mittelalter sehr in Mode kamen, solange die Machtverhältnisse dadurch nicht in Frage gestellt wurden.

Der »Patrona Bavariae« zum Dank

Ein zentrales Wahrzeichen der Stadt ist die **Mariensäule**, die 1638 aus Dankbarkeit dafür aufgestellt wurde, dass die »Patrona Bavariae« während des Dreißigjährigen Krieges die Stadt von der Besetzung durch die Schweden weitgehend verschont hatte. Die vergoldete Maria mit Jesuskind, eigentlich für den Hochaltar der Frauenkirche gedacht und vom Bildhauer Hubert Gerhard geschaffen, thront auf einer Säule aus rötlichem Marmor, die vier kriegerischen Putten in Rüstung am Sockel kämpfen gegen Ketzerei, Krieg, Hungersnot und Pest.

Vom Marienplatz aus gehen Sie zum Rindermarkt und erreichen nach wenigen Metern die **Pfarrkirche St. Peter**, von den Münchnern nur »Der alte Peter« genannt. Hier stand bereits eine Kirche, als München nur eine winzige Ansiedlung war. Die damalige romanische Basilika aus dem 11. Jh. brannte aber schon beim großen Stadtbrand 1327 ab. Die daraufhin erbaute gotische Kirche wurde im Laufe der Jahrhunderte immer wieder umgestaltet und erweitert, im Barock kamen die heutige charakteristische Laternenhaube für den Turm und ein Chor hinzu, später dann auch ein neues Tonnengewölbe sowie die weitgehend barocke Innenausstattung.

Nach dem Zweiten Weltkrieg war das Gotteshaus fast vollständig zerstört, aber was hätten die Münchner anderes tun können, als ihren »Alten Peter« am Petersbergl so original wie möglich wieder aufzubauen? Und so findet man auch heute noch Bildhauerarbeiten von Erasmus Grasser, Standbilder der vier Kirchenväter von Egid Quirin Asam, den im Jahr 1407 entstandenen Schrenk-Altar und einen Mariahilf-Altar von Ignaz Günther einträchtig nebeneinander im Kirchenraum. Eine touristische Attraktion ist natürlich die Besteigung des 92 m hohen Kirchturms, der einen wunderschönen Panoramablick über die Altstadt erlaubt,

Ganz in der Mitte

Die Mariensäule ist zugleich auch der geografische Mittelpunkt der Stadt. Von hier aus werden die Entfernungen sämtlicher Straßen, die nach München führen, gemessen.

sobald man die 299 engen Stufen bewältigt hat.

Am **Rindermarkt** selbst fällt am unteren Ende vor allem der 23 m hohe **Löwenturm** auf, den man früher für ein Überbleibsel der ersten Stadtbefestigung unter Heinrich dem Löwen hielt. Tatsächlich aber wurde er erst im 15. Jh. aus rauem, roten Backstein errichtet, und es handelt sich wohl um einen Wasserturm, den die Patrizierfamilie Pötschner zum privaten Gebrauch hat bauen lassen. Der große Rindermarktbrunnen in der Mitte des Platzes ist im Sommer ein beliebter Treffpunkt und bietet auch Abkühlung, wenn man sich die Füße heißgelaufen hat. Sie gehen nun nördlich daran vorbei und über die Rosenstraße zurück zum Marienplatz, wo Sie nach links in die Kaufingerstraße abbiegen. Hier beginnt die eigentliche **Fußgängerzone** mit all den üblichen Kaufhäusern, Bekleidungsgeschäften, Discountern, Souvenirshops, Straßenmusikanten und fliegenden Händlern, wie man sie in Fußgängerzonen üblicherweise antrifft. Tagsüber ist diese Rempelmeile fast immer voll, und auch wenn die Münchner schon deshalb gerne darüber granteln: Die Altstadt zu den Olympischen Spielen 1972 von Straßenbahnen und dem Durchgangsverkehr zu befreien war natürlich eine historische Tat, durch die München sehr gewonnen hat.

Wahrzeichen mit Welschen Hauben

An der Ecke Liebfrauenstraße biegen Sie nach rechts ab und stehen vor dem Münchner Wahrzeichen, der **Frauenkirche** 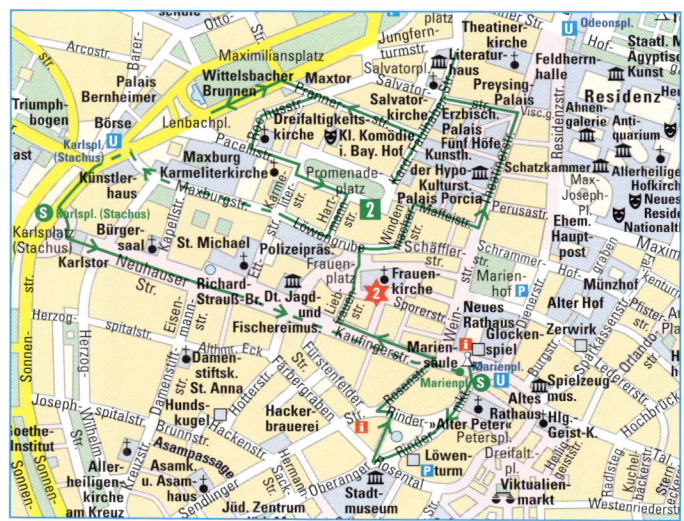. Erbaut in den Jahren von 1468 bis 1488 mit dem charakteristischen Backstein, verdankt der gewaltige Dom sein unverwechselbares Aussehen der finanziellen Schieflage am Ende der Bauzeit. Denn eigentlich waren spitze Dächer für die beiden Türme geplant, doch weil das Geld zur Neige ging, bekrönte man sie erst einmal mit sogenannten Welschen Hauben, für die der Dom zu Unserer Lieben Frau heute in der ganzen Welt bekannt ist. Nach Zerstörungen im Zweiten Weltkrieg wurde die Kirche umfassend wieder aufgebaut; zu den Besonderheiten zählen das marmorne Prunk-Hochgrab für Kaiser Ludwig den Bayern, die Fürstengruft und das »Scharfzandfenster« im Chor, das als eines der wenigen noch aus der Erbauungszeit stammt. Von April bis Oktober kann man mit einem Fahrstuhl auf den südlichen der knapp 99 m hohen Türme fahren (Mo–Sa 10–17 Uhr; wegen Sanierung erst wieder Mitte 2013) und hat dort den höchstmöglichen Ausblick über die Innenstadt, denn noch immer gilt in München die städtebauliche Prämisse, dass innerhalb des Mittleren Rings kein Bauwerk höher sein darf als die Frauenkirche.

Shopping, Kunst und Literatur

Hinter der Frauenkirche gelangen Sie über die Löwengrube und die kleine Windenmacherstraße zur Maffeistraße, die Sie vorbei am Traditionsgeschäft Loden Frey hinaufgehen. Dort, wo die Straßenbahngleise eine Kurve machen, beginnt links die **Theatinerstraße**, eine der teuersten und exklusivsten Einkaufsstraßen der Stadt und der nördliche Ausläufer der Fußgängerzone. Sie ist sicher eine der schönsten Innenstadtstraßen, und in den Cafés lässt sich im warmen Sonnenlicht besonders gut entspannen. Auf der linken

Mit den Fünf Höfen (▶ S. 32) haben die Münchner eine exklusive Einkaufspassage erhalten, die auch architektonisch und künstlerisch Glanzpunkte setzt.

Seite befindet sich der Komplex der **Fünf Höfe**, ein Areal, das die Schweizer Architekten Herzog & de Meuron im Auftrag der HypoVereinsbank hinter die historischen Fassaden erbaut haben: überwiegend ein Einkaufszentrum für exklusives Publikum und architektonisch außerordentlich interessant. Das Architektenteam Herzog & de Meuron hat auch die **Hypo-Kunsthalle** neu gebaut und damit einen der besten und vielfältig nutzbaren Ausstellungsräume der Stadt geschaffen. An der Einmündung der Salvatorstraße biegen Sie sodann links ab und gelangen zur **Salvatorkirche**, die 1493 erbaut wurde und ursprünglich als Friedhofskirche diente. Nördlich anschließend befin-

> **Großzügiges Präsent**
> Die Salvatorkirche wird seit 1829 von der Münchner Griechisch-orthodoxen Gemeinde als Gotteshaus genutzt. Der Griechenlandverehrer Ludwig I. hatte sie der Gemeinde zum Geschenk gemacht.

det sich das städtische **Literaturhaus**. Einst war es eine Markthalle, später eine Schule, und seit 1997 finden hier Lesungen, Vorträge und Ausstellungen statt; sehr schön ist auch das hohe und lichte **Café Oskar Maria** im Erdgeschoss und auf dem Vorplatz. Schriftsteller und Literaten trifft man dort freilich seltener an, hier versammelt sich eher das Personal aus dem umliegenden Bankenviertel zum Business-Lunch. Links um die Ecke, in der Jungfernturmstraße, können Sie noch Reste der ehemaligen inneren Stadtmauer sehen, integriert in ein modernes Park- und Bürohaus.

Sie wenden sich nun Richtung Süden und folgen der **Kardinal-Faul-**

Ein stilvoller Ort für eine Verschnaufpause nach einem Stadtbummel ist das Café Oskar Maria (▸ S. 32) im Literaturhaus.

haber-Straße, die eine wahre Ansammlung von Prunk- und Pracht-, aber auch Protzbauten darstellt. Heute befinden sie sich meist im Besitz von Banken, allen voran der HypoVereinsbank. Deren Vorgängerbanken ließen zwischen 1893 und 1898 im Stile des Historismus die Geldpaläste auf Nummer 1, 3, 10 und 14 errichten.

Das heutige **Erzbischöfliche Palais** auf Nummer 7 hat eine Vorgeschichte, die nicht ganz dem katholischen Moralverständnis entspricht: Kurfürst Karl Albrecht ließ es 1737 für seinen unehelichen Sohn Franz Ludwig von Holstein erbauen, der aus einer Liaison mit dem Hoffräulein Sophie Caroline von Ingenheim stammt. Zu den wirklich historischen Bauten zählt das **Palais Porcia** auf Nummer 12, das 1693 der Hofbaumeister Enrico Zuccalli für den Grafen Fugger gebaut hat und das

Karl Albrecht 1731 seiner Mätresse, der Gräfin Topor-Morawitzka, schenkte. Die heutige Rokokofassade des Adelspalais gestaltete François Cuvilliés um 1736.

Wirren der Revolution

Wenige Meter vom Promenadeplatz entfernt finden Sie auf der rechten Straßenseite den Umriss einer liegenden Figur in den Gehsteig eingelassen. Dieses **Bodendenkmal** der Künstlerin Erika Maria Lankes bezeichnet die Stelle, an der Kurt Eisner am Vormittag des 21. Februar 1919 von dem rechtskonservativen Leutnant Graf von Arco auf Valley erschossen wurde. Eisner, damals provisorischer bayerischer Ministerpräsident der Räteregierung, war auf dem Weg zum damaligen Sitz des Bayerischen Landtags in der Prannerstraße gewesen, um seinen Rücktritt einzureichen.

Gehen Sie nun zurück und biegen Sie in die Prannerstraße ein. Auch sie war eine bevorzugte Wohngegend für die Adeligen des Rokoko. Von ihren Palais' sind meist nur die Fassaden noch original erhalten, etwa am **Palais Neuhaus-Preysing** (Nr. 2) oder den Palais' **Seinsheim** (Nr. 7) und **Gise** (Nr. 9). Auf Hausnummer 8 stand früher ein Redoutenhaus, das bis 1933 Sitz des Bayerischen Landtags war. Mit etwas Fantasie mag man sich in der vergleichsweise breiten Innenstadtstraße die parkenden Autos wegdenken und kann sich dann vorstellen, wie vierspännige Kutschen über das Pflaster rattern, um irgendwelche Grafen abzuholen.

Am Ende der Prannerstraße gelangen Sie durch das recht bescheiden wirkende **Maxtor** aus dem Jahr 1804 auf den Maximiliansplatz. Der wurde in seiner heutigen Form um 1878 herum angelegt, nachdem man jahrzehntelang immer wieder andere Pläne mit ihm hatte. Schließlich wurde eine Grünanlage nach dem Vorbild eines Englischen Gartens daraus, mit Denkmälern darin (unter anderem sind Justus von Liebig und Goethe dargestellt) und einer großen Brunnenanlage am Südende beim Lenbachplatz, dem **Wittelsbacher Brunnen** von Adolf von Hildebrand aus dem Jahr 1895.

Nightclubs jeder Couleur

Der Park selbst ist heute nicht sehr belebt, weil er zwischen zwei stark befahrenen Straßen geradezu einge-

> **Viele Pläne für einen Platz**
>
> Nach dem Abriss der alten Stadtmauer wussten die Münchner lange nicht, was sie mit dem Maximiliansplatz anfangen sollten: Erst sollte aus dem sandigen Dultplatz ein Getreidemarkt werden, dann wollte man die Bavaria hier aufstellen, ein neues Volkstheater bauen oder den Glaspalast errichten.

klemmt ist. Am meisten rührt sich aber, was den Publikumsverkehr angeht, in den Nachtstunden: Denn am nordwestlichen Maximiliansplatz befinden sich eine Reihe von Discos und Clubs beinahe jeder Couleur, betuchte Schickis finden hier ebenso etwas zum Ausgehen wie Anhänger der innovativen Münchner Electro-Szene, und auch die schwule Community hat ihren Club hier.

Sie gehen nun durch das Maxtor zurück und biegen rechts in die Rochusstraße ein. Die schmale Gasse, typisch für das alte München, führt am ehemaligen Karmeliterinnenkloster aus dem Jahr 1711 vorbei, das heute vom Erzbischöflichen Ordinariat als Verwaltungsbau genutzt wird. Die im Areal enthaltene **Dreifaltigkeitskirche** gilt als eine der gelungensten Schöpfungen des italienischen Baumeisters Antonio Viscardi am Übergang zwischen Spätbarock und Rokoko.

Nobelherberge mit Tradition

Sie befinden sich nun an der Pacellistraße, die links in den **Promenadeplatz** übergeht. Der war seit dem 14. Jh. als Salzmarkt bekannt, erst um 1780 wurde er verlegt, der Platz als »Paradeplatz« umgestaltet und mit Linden bepflanzt. Seine repräsentative Aufgabe sieht man ihm heute noch an – auf dem Platz stehen große **Standbilder** aus dem Klassizismus für Kurfürst Max Emanuel, Christoph Willibald Gluck, Orlando di Lasso, den Geschichtsschreiber Lorenz von Westenrieder und seit ein paar Jahren auch ein recht modernistisches Standbild für den bayerischen Reformminister Montgelas, der unter anderem die Säkularisation in Bayern vorantrieb. Es steht vor seinem einstigen Palais, das um 1813 erbaut worden ist. Heute ist es Teil des Luxushotels **Bayerischer Hof**, das im Übrigen den Platz beherrscht. Hier steigt alles ab, was Rang und Namen hat; der Bayerische Hof hat auch ein eigenes Boulevardtheater und einen Nightclub, in dem gelegentlich internationale Stars der Jazz- und Soul-Szene auftreten.

Über die kleine Hartmannstraße kommen Sie zur Löwengrube und stehen vor dem Polizeipräsidium. Rechts davon schließt sich die Maxburgstraße an. Hier hat der Bombenkrieg seine deutlichsten Spuren hinterlassen, von der ursprünglichen Bebauung ist so gut wie nichts erhalten. Von der historischen **Maxburg** ist einzig und allein ein Turm an der Pacellistraße beim Maximiliansplatz erhalten. Der Neubau als Justizgebäude aus den Jahren 1954–1957 hat jedoch auch einen gewissen Reiz, er stammt von den Nachkriegsarchitekten Theo Pabst und Sep Ruf und ist ein typisches Beispiel für die Architektur jener Jahre. Heute ist dort das Amtsgericht untergebracht.

Kurz vor dem Lenbachplatz sehen Sie links das **Künstlerhaus**. Es geht zurück auf eine Stiftung des Prinzregenten Luitpold an die Münchner Künstlerschaft und diente als Vereinshaus und Versammlungsstätte für verschiedene Künstlervereinigungen. Die teilweise prunkvolle Innenausstattung im Stil des Historismus wurde Ende des 20. Jh. umfassend renoviert, und heute dient das Haus wieder als Veranstal-

Der klassizistische Wittelsbacher Brunnen (▶ S. 34) am Lenbachplatz wurde von 1893 bis 1895 nach den Plänen des Bildhauers Adolf von Hildebrand errichtet.

Im Sommer ist der Brunnen am Stachus (▸ S. 37) ein beliebter Treffpunkt, im Winter tummeln sich auf dem Areal warm eingepackte Schlittschuhläufer.

tungszentrum für verschiedene, meist eher der Tradition verhaftete Künstlergruppen.

Am Lenbachplatz angelangt, sehen Sie auf der gegenüberliegenden Platzseite das **Palais Bernheimer**, in dem sich heute ein Nobelrestaurant und exklusive Geschäfte befinden. Es wurde 1889 als Neobarockbau fertiggestellt und diente der reichen Familie Bernheimer als Ausstellungs-, Geschäfts- und Wohnhaus. Die Bernheimers führten damals das teuerste Einrichtungshaus der Welt; sie statteten nicht nur das deutsche Kaiserhaus, sondern nahezu den ganzen europäischen Geld- und Blutadel mit Interieurs aus und lieferten bis zum Zarenhof.

Rund um den Stachus

Links vom Künstlerhaus geht der Lenbachplatz in den **Karlsplatz** über, den Sie nun ansteuern. Von den Münchnern wird der Platz noch immer meist »Stachus« genannt – nach einem Wirt namens Eustachius Föderl, der seine Gaststätte am südlichen Platzende hatte, dort, wo heute der Kaufhof steht. Man mag das auch als passiven Widerstand deuten, denn der Name Karlsplatz kommt von dem ungeliebten Kurfürsten Karl Theodor aus der Pfälzer Nebenlinie des Hauses Wittelsbach, der das damalige dreibogige Neuhauser Tor 1791 abreißen und stattdessen die beiden heute noch stehenden Flankentürme bauen ließ. Ihre jetzige Gestalt aber erhielten Karlstor und Platz erst ab 1861; Arnold Zenetti verpasste den Türmen damals ihr heutiges neugotisches Aussehen, und der Architekt Gabriel von Seidl entwarf um 1900 die beiden halbrondellförmigen Neobarockflügel, die das Karlstor beinahe eingequetscht erscheinen lassen. Heute ist

Ein Juwel der Renaissance ist die Kirche St. Michael (▸ S. 38) mit ihrem monumentalem Tonnengewölbe. In der Fürstengruft der Wittelsbacher ruht u. a. Ludwig II.

der Stachus einer der verkehrsreichsten Plätze der Stadt, aber eben auch der Beginn der Fußgängerzone, und der große Brunnen vor dem Tor ist ein beliebter Treffpunkt geworden. Sie betreten jetzt die **Fußgängerzone**, eine der umsatzstärksten Einkaufsstraßen der Stadt. Bei all dem Gewimmel und Gewurle mag man es kaum noch glauben, dass sich die Geschäftsleute Anfang der 1970er-Jahre heftig gegen die Fußgängerzone gewehrt hatten, weil sie schwere Einbußen befürchteten. Das Gegenteil hat sich bewahrheitet, die vom damaligen Oberbürgermeister Hans-Jochen Vogel durchgesetzte Aufhebung des Durchgangsverkehrs

Der große Knall

Im Hauptturm des Karlstors wurde früher Schwarzpulver gelagert. Im Jahr 1857 kam es jedoch zu einer gewaltigen Explosion, bei der der Turm vollständig zerstört wurde. Die Turmuhr, die man gerade für das Karlstor fertiggestellt hatte, wurde daraufhin am Isartor angebracht.

war auch finanziell ein großer Gewinn für die Anlieger. Gleich links am Beginn der Fußgängerzone sehen Sie das **Kaufhaus Oberpollinger**. 1905 erbaut, ist es in gewisser Weise ein Unikum. Dass der Auftraggeber dieses Gebäudes aus Hamburg kam, ist kaum zu übersehen: Die Front mit den drei spitzen Giebeln erinnert ein wenig an Gebäude in der Hamburger Speicherstadt, und auf den Firsten finden sich als Bekrönung zwei Hansekoggen und eine nackte »Hammonia«, die Verkörperung der Hansestadt.

Zwei Hausnummern weiter befindet sich die **Bürgersaalkirche**. Der Bau von Antonio Viscardi aus dem Jahr

1710 war ursprünglich als Versammlungssaal für die »Marianische Männerkongregation« gedacht, wurde aber 1778 zur Kirche umgewidmet. Die Innenausstattung macht sie zum barocken Juwel.

Auf der anderen Straßenseite, auf Hausnummer 27, findet sich eine etwas weltlichere Besonderheit. Denn die **Augustiner-Gaststätte** ist nicht nur dann einen Besuch wert, wenn man Hunger und Durst verspürt. Die Innenausstattung entspricht in weiten Teilen noch dem Aussehen einer Münchner Bierhalle Ende des 19. Jh. Besonders sehenswert ist der lichtdurchflutete Muschelsaal mit seiner Kuppel aus Eisen und Glas und der vom Münchner Architekten Emanuel von Seidl zum romantischen Burghof ausgebaute Innenhof mit Biergarten. Ebenso wie sein älterer Bruder Gabriel entwarf Emanuel von Seidl eine Reihe repräsentativer Bauten im München der Kaiserzeit. Nun gelangen Sie vorbei am Richard-Strauss-Brunnen und der Alten Akademie, einem ehemaligen Jesuitenkloster, das bis vor kurzem als Statistisches Landesamt diente und vom Freistaat Bayern für rund 100 Millionen Euro an einen Investor verkauft werden soll, zur Kirche **St. Michael**, einer der bedeutendsten Renaissancekirchen Süddeutschlands. Erbaut zwischen 1579 und 1597, hat sie das größte Tonnengewölbe nach der Peterskirche in Rom.

Die Fassadengliederung des deutsch-niederländischen Architekten Friedrich Sustris gilt als meisterhaft, der dreistöckige Hochaltar zeigt »St. Michael im Kampf mit dem Teufel«, ein Gemälde des Hofmalers Christoph Schwartz.

Ausdruck der Gegenreformation

Das gesamte Bilder- und Skulpturenprogramm ist ein deutlicher Ausdruck der Gegenreformation, die vom damaligen Herzog Wilhelm V., dem Stifter der Michaelskirche, ganz entschieden unterstützt wurde. München war damals ganz vorne dabei im Kampf gegen die lutherischen Kirchenreformer. Dass die Herrschaft der Kirche aber auch in Bayern nicht ungebrochen fortbestehen sollte, sieht man gleich am nächsten Gebäude, der ehemaligen Kirche des Augustinerklosters. Das Kloster wurde mit der Säkularisation Anfang des 19. Jh. aufgelöst, und in der einstigen gotischen Basilika ist heute das **Deutsche Jagd- und Fischereimuseum** untergebracht, unschwer zu erkennen an den beiden Tierplastiken am Eingang, einem Bronzekeiler und einem Wels. Das Museum zeigt neben vielen anderen Exponaten an die 1000 Tierpräparate, Jagdwaffen, Gemälde und Jagdtrophäen. Von hier aus gelangen Sie in wenigen Minuten wieder zum Marienplatz, dem Endpunkt des Spaziergangs.

Münchner Originale

Im Durchgang des Karlstors sehen Sie vier Büsten, die Münchner Originale zeigen: den »Finessen-Sepperl«, den Volkssänger Sulzbeck, den Hofnarren Prangerl und den Lohnkutscher Franz Xaver Krenkl. Der soll einmal verbotenerweise die Equipage König Ludwigs I. überholt und auf die Zurechtweisung mit den Worten reagiert haben: »Majestät, wer ko, der ko!« (»Majestät, wer kann, der kann!«)

SEHENSWERTES

Alter Peter ▸ S. 148, C 14

Der Eingang zum Turm befindet sich an der Südfassade der Kirche. Bei schlechtem oder windigem Wetter ist die Begehung nicht möglich.
Rindermarkt 1 • Mo–Sa 9–18.30, So 10–18.30, im Winter bis 17.30 Uhr • Eintritt 1,50 €, Schüler und Studenten 1 €, Kinder bis 6 Jahre frei

Kunsthalle der Hypo-Kulturstiftung ▸ S. 148, B 13

Die Ausstellungshalle der HypoVereinsbank zeigt wechselnde Ausstellungen, meist mit Werken der klassischen Moderne.
Theatinerstr. 8 • www.hypo-kunsthalle.de • tgl. 10–20 Uhr • Eintritt je nach Ausstellung, Mo halber Preis

Michaelskirche ▸ S. 148, B 14

Die Jesuitenkirche St. Michael war das Zentrum der bayerischen Gegenreformation und steht baugeschichtlich zwischen Renaissance und Barock. In der Gruft sind die bayerischen Fürsten und Könige begraben.
Neuhauser Str. 6 • www.st-michael-muenchen.de • Fürstengruft: Mo–Do 9.30–16.30, Fr 10–16.30, Sa 9.30–14.30 Uhr • Eintritt 2 €

ESSEN & TRINKEN

Les Deux ▸ S. 148, B 13

Gehobene Küche mit französisch-mediterranem Einschlag auf regionaler Basis vom Heinz-Winkler-Schüler Johann Rappenglück.
Maffeistr. 3 a im Schäfflerhof • Tel. 0 89/7 10 40 73 73 • www.lesdeux-muc. de • Mo–Sa 12–1 Uhr • €€€

Ederer ▸ S. 148, B 13

Chefkoch Karl Ederer interpretiert traditionelle europäische Küche auf moderne Art und verwendet regionale Produkte, vornehmlich Bioware von den Herrmannsdorfer Landwerkstätten.
Kardinal-Faulhaber-Str. 10 • Tel. 0 89/24 23 13 10 • www.restaurant-ederer. de • Mo–Sa 12–15 und 18.30–24 Uhr • €€€

Augustiner Restaurant ▸ S. 148, B 14

Traditionelle Münchner Bierhalle mit schönem Gründerzeit-Ambiente und malerischem Innenhof. Wer die klassische Münchner Küche mit ihren Schmankerln kennenlernen will, ist hier richtig.
Neuhauser Str. 27 • Tel. 0 89/23 18 32 57 • www.augustiner-restaurant. com • tgl. 10–24 Uhr €€

Tizian ▸ S. 148, B 13

Schönes Café mit Bar im Stil der 1960er-Jahre, ganz in Tizianrot gehalten.
Maxburgstr. 4 • Tel. 0 89/29 16 39 38 • Mo–Sa 10–24 Uhr • €

Ein ganzes Viertel voll im Trend

Zwischen Gärtnerplatz und Schlachthof: Das war einmal eine billige Wohngegend fürs einfache Volk. Diese Zeiten sind längst vorbei, inzwischen hat die Isarvorstadt Schwabing und Haidhausen als In-Viertel abgelöst. Hier finden sich zahlreiche Clubs und Kneipen fürs junge Publikum, hier eröffnen junge Designer und Modemacher ihre Läden, und hier wohnt man, wenn man im Zentrum des Geschehens sein will. Und das ist mehrdeutig zu verstehen, denn die Szene ist heute in der Isarvorstadt zu Hause, und in die Altstadt kommt man bequem zu Fuß.

◄ Der Gärtnerplatz (► S. 41), Zentrum eines hippen Stadtteils, wird vom gleichnamigen Theater dominiert.

START S-Bahn: Isartor
ENDE U-Bahn: Goetheplatz
DAUER 3–4 Stunden

Am S-Bahnhof Isartor nehmen Sie den Ausgang in Richtung Deutsches Museum. Oben angekommen, gehen Sie nach rechts zum Isartor und überqueren die Zweibrückenstraße. Sie folgen nun der Rumfordstraße, die bereits zum Gärtnerplatzviertel gehört. Nachdem Sie den Riegerblock, einen etwas verunglückten Neubau aus den 1980er-Jahren, passiert haben, beginnt bereits die typische Mischung aus frühen Gründerzeithäusern, kleinen Geschäften, schicken Restaurants und Kaffeebars, durch die die **Isarvorstadt** besonders bei Menschen unter 40 beliebt geworden ist.

Generalstabsmäßig geplant

Das ist seit beinahe 20 Jahren so und hat zu einem nicht unbeträchtlichen Anstieg der Mieten in diesem Viertel geführt. Denn früher einmal war die Isarvorstadt, bestehend aus dem Gärtnerplatz-, Glockenbach- und Schlachthofviertel, eine recht günstige Wohngegend, die manche sogar als »Glasscherbenviertel« bezeichneten – ein Münchner Ausdruck für Gegenden, in denen es eher ein bisschen rau zugeht und schon mal Fensterscheiben eingeworfen werden.

> **Deutsches Museum**
> Das größte Technikmuseum der Welt befindet sich auf der Museumsinsel mitten in der Isar. Es ist einen eigenen Spaziergang wert, denn der Führungsrundweg ist ganze 15 km lang und erschließt 55 000 qm Ausstellungsfläche.

Einzelne Häuser und kleinere Ansiedlungen hat es hier schon lange gegeben, aber regelrecht generalstabsmäßig geplant und ausgebaut wurde das Viertel erst im 19. Jh. Den Ausschlag dafür gab der recht geschäftstüchtige königliche Kämmerer und Bankier Simon von Eichthal. Er hatte bereits 1825 den Heilig-Geist-Anger vor der Stadt gekauft. Seine Absicht war es, das große Gelände trockenzulegen und in möglichst viele kleine Einheiten aufzuteilen, um sie höchst gewinnbringend weiterzuverkaufen. Er hatte zu Recht darauf spekuliert, dass die rege Bautätigkeit Ludwigs I. zu einem raschen Anwachsen der Stadt führen würde. Obendrein setzte er darauf, dass mit der sich abzeichnenden Industrialisierung und dem Bau der Eisenbahn um 1838, an deren Finanzierung er sich früh beteiligt hatte, eine Vielzahl neuer Wohnungen nötig würde. Sein Kalkül war richtig, und sein Sohn Carl von Eichthal profitierte davon: Von 1860 an entstand vor den Toren der Stadt, rund um den heutigen **Gärtnerplatz** mit seinen sternförmig ausgehenden Seitenstraßen, ein großes Neubauviertel mit zahlreichen Mietshäusern nach einem streng geometrischen Grundmuster im Stil der Zeit.

Die Rumfordstraße ist ein nördlicher Ausläufer davon, und die Häuser sind die typischen Mietwohnungsbauten aus jener Zeit – soweit sie nicht im Zweiten Weltkrieg zerstört worden sind. Auf Ihrem Weg zum Reichenbachplatz begegnen Sie auf der rechten Seite unter anderem einer Galerie, der Jazzbar Vogler und einem Tonstudio im Hinterhof, was schon einmal darauf schließen lässt, dass sich hier inzwischen viele Menschen angesiedelt haben, die kreativ arbeiten und leben möchten.

Das Gärtnerplatzviertel ist darüber hinaus aber auch bekannt als Schwulenviertel, und das seit jeher. Die »Rosa Liste« stellt seit Jahren eine starke Fraktion im Bezirksausschuss, dem städtischen Bürgergremium auf Stadtviertelebene, und dort den Vorsitzenden. Schon in den 1960er-Jahren, als Homosexualität rein rechtlich noch ein Straftatbestand war, traf sich die schwule Community in den Straßen rund um den Gärtnerplatz. Der Filmemacher Rainer Werner Fassbinder war ebenso dabei wie Freddy Mercury, Leadsänger der britischen Popgruppe »Queen«, der München besonders liebte und hier auch eine Wohnung hatte.

Wenn Sie vom Reichenbachplatz aus in die gleichnamige Straße einbiegen, treffen Sie nach wenigen Metern bereits auf eines der bekanntesten Lokale dieser Szene: die **Deutsche Eiche**, eigentlich ein traditionsreiches bayerisches Wirtshaus, heute mit angeschlossenem Hotel nebst öffentlicher Sauna. Der Filmregisseur Rainer Werner Fassbinder, der von 1974 bis 1978 im Haus gegenüber wohnte, war bis zu seinem frühen Tod 1982 hier Stammgast. In einigen seiner Filme kommt die Deutsche Eiche gar als Drehort vor, und die damalige Wirtin Sonja bekam sogar einmal eine Nebenrolle. Der heutige Betreiber Dietmar Holzapfel kann unzählige Anekdoten aus dem Viertel erzählen und ist auch sehr engagiert, was die Stadtteilgeschichte angeht.

Fast eine italienische Piazza ...

Die Reichenbachstraße ist eine der lebendigsten Straßen rund um den Gärtnerplatz. Auf knapp 200 m gibt es ein Café wie zu Großmutters Zeiten, ein italienisches Restaurant, einen Werkzeughandel und einen Schreibwarenladen, dazu eine Galerie und ein Fotostudio. Entsprechend belebt ist die Reichenbachstraße und wird darin eigentlich nur noch übertroffen durch den Gärtnerplatz selbst. Auf seinen geräumigen Gehsteigen haben sich mehrere Cafés ausgebreitet, und abends ist der Platz mit seinem grünen **Mittelrondell** Treffpunkt für junges Partyvolk aus der ganzen Stadt. In warmen Sommernächten wird der Platz so bis in die Nachtstunden hinein zur italienischen Piazza – sehr zum Missvergnügen der Anwohner, die sich über die Ruhestörung beklagen. Es lohnt sich, einmal um den Platz herumzugehen und kurz in die sternförmig abgehenden Seitenstraßen hineinzuschauen, die eine bunte Mischung aus Szenelokalen, Designerläden und altehrwürdigen Hand-

---

Wenn das der Führer wüsste

In den Zwanzigerjahren des letzten Jahrhunderts, als das heutige Schwulen-Lokal Deutsche Eiche noch eine ganz normale bayerische Wirtschaft war, soll Adolf Hitler hier öfters eingekehrt sein. Denn das damalige Parteibüro der NSDAP befand sich zwischen 1921 und 1923 gleich um die Ecke in der Corneliusstraße 12.

werksgeschäften aufweisen. Das Gärtnerplatzviertel ist ein hipper Stadtteil geworden, in dem inzwischen vorwiegend Singles, junge Familien und Promis wie der FC-Bayern-Star Sebastian Schweinsteiger leben. Es ist damit weit entfernt von seiner ursprünglichen Bevölkerungszusammensetzung, denn in den 1860er-Jahren dachte man vor allem daran, Mietwohnungen für breite Volksschichten zu bauen, auch für Arbeiterfamilien und Handwer-

ker, um so vom Wachstum der Stadt zu profitieren.

Jüdische Vergangenheit

Lange Zeit war das Gärtnerplatzviertel damals auch ein **jüdisches Viertel**: Noch bis in die Nazizeit hinein gab es dort an die 500 Geschäfte mit jüdischen Inhabern und nicht weniger als 14 Betstuben. In der südlichen Reichenbachstraße stand auch bis zur Eröffnung des neuen Jüdischen Zentrums am St.-Jakobs-Platz die

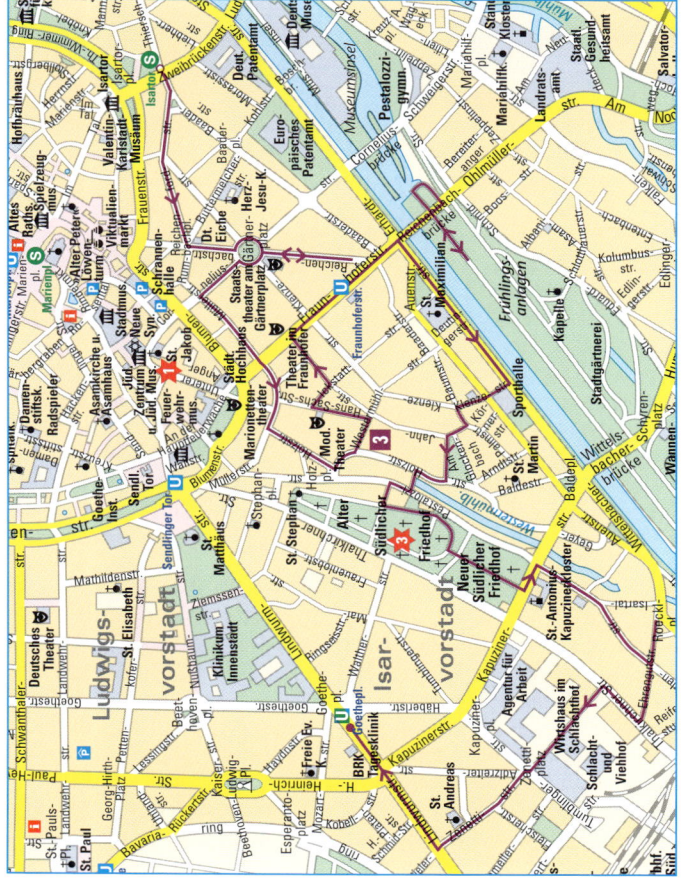

Das Rondell am Gärtnerplatz (▸ S. 41), eine kleine grüne Oase mitten in der Stadt, wird vorwiegend von jungem, modischem Partyvolk genutzt.

eher behelfsmäßig eingerichtete Nachkriegssynagoge, dort befand sich auch die Verwaltung der Israelitischen Kultusgemeinde. Das konnte freilich nicht darüber hinwegtäuschen, dass die Nationalsozialisten das rege jüdische Leben in der Isarvorstadt nahezu vollständig ausgelöscht hatten. Umso beschämender ist es, dass es auch nach dem Krieg und bis heute trotz all der gelebten Toleranz im Viertel immer wieder neonazistische Umtriebe gab. Im Februar 1970 etwa verübten Rechtsradikale einen Brandanschlag auf das damalige Jüdische Altenheim an der Reichenbachstraße, bei dem sieben Menschen ums Leben kamen. Fortan wurde das Zentrum rund um die Uhr von bewaffneten Polizisten bewacht. In der Zenettistraße, im nahen Schlachthofviertel, bestand bis 2001 in einer Gaststätte ein Skinhead-Treff, der erst aufgelöst werden

konnte, nachdem die Neonazis einen Griechen krankenhausreif geprügelt hatten. Und ausgerechnet in der Müllerstraße, dem Herzstück des Schwulenviertels, werden immer wieder mal Skinheads gesichtet. Freilich sind das Ausnahmen, aber auch sie gehören leider zu der Wirklichkeit eines Viertels, das ansonsten wie kaum ein anderes die viel strapazierte Münchner Maxime »Leben und leben lassen« verkörpert.

Ein würdiges Volkstheater

Mittelpunkt dieses Viertels und des Platzes ist unumstritten das **Gärtnerplatztheater**. Erbaut wurde es 1865 in nur neun Monaten nach Plänen des Architekten Franz Michael Reifenstuel, der sich dabei vom Nationaltheater inspirieren ließ. Aber auch wenn es innen und außen stark an ein höfisches Opernhaus erin-

Außenansicht des Schweiger-Theaters (▶ S. 45) in der Müllerstraße, einer im 19. Jh. populären Volksbühne der fahrenden Theaterfamilie gleichen Namens.

nert: Eigentlich war das Gärtnerplatztheater eine Privatunternehmung. Eine 1864 eigens gegründete »Münchener Aktien-Volkstheater-Gesellschaft« hatte es sich zum Ziel gesetzt, das Haus zu bauen – wohl um das neue Wohnviertel im Süden der Stadt attraktiver zu machen. Auch König Ludwig II. setzte sich für das Vorhaben ein: »Meiner Hauptstadt darf der Besitz eines würdigen Volkstheaters nicht vorenthalten werden.« Um das neue Haus zu fördern, schreckten die Behörden auch nicht davor zurück, die beiden bestehenden, höchst populären Volksbühnen der Theaterfamilie Schweiger in der Au und an der Müllerstraße zur Schließung zu zwingen; immerhin erhielten die Schweigers eine Entschädigung und eine lebenslange Leibrente.

Geholfen hat es erst einmal wenig, dass die Stadt auf diese Weise die Konkurrenz entsorgt hatte, denn die Aktiengesellschaft musste bereits 1868 den Bankrott erklären. Ludwig II. übernahm daraufhin das Theater als »Königliches Volkstheater«; es wurde in den folgenden Jahrzehnten mehrmals an private Betreiber verpachtet, und seit etwa 1926 spielte es mit dann doch wachsendem Erfolg vorwiegend Operetten. Dabei ist es bis heute, mittlerweile als Bayerisches Staatstheater mit eigenem Intendanten, geblieben, wenn auch der Spielplan immer wieder durch Opern, Ballettaufführungen und Musicals ergänzt wird.

Bausünden und ein Paternoster

Vom Gärtnerplatz biegen Sie in die Corneliusstraße ein und kommen zur **Müllerstraße**. Der Bombenkrieg hat hier viel zerstört, unter anderem das Luitpoldgymnasium, das auch

Albert Einstein besuchte. Am Ende der Räterepublik erlangte es traurige Berühmtheit, weil Rotarmisten im April 1919, als die »Weißen Truppen« auf München vorrückten, hier zehn Geiseln, die der rechtsradikalen Thule-Gesellschaft angehörten, erschossen – eine der wenigen Gräueltaten, die auf das Konto der »Roten« gingen, aber sie blieb vielleicht gerade deswegen im Gedächtnis.

Nach der völligen Zerstörung des Gymnasiums im Krieg bauten die Stadtwerke auf dem Gelände ein **Heizkraftwerk**. Der große schwarze Turm, der ins Viertel passt wie ein bayerisches Bauernhaus an die Nordseeküste, ist zu einer Art Wahrzeichen geworden. Ein Investor hat es gekauft und zum Luxus-Wohnturm »The Seven« umgebaut, mit den höchsten Immobilienpreisen der Stadt: ein Symbol für die Umwandlung des Viertels.

Am unteren Ende des Straßenzugs wird die Müllerstraße wieder großstädtisch, die charakteristische Blockbebauung setzt sich fort. An der Kreuzung mit der Fraunhofer-/Papa-Schmid-Straße sehen Sie rechts ein großes, aus roten Backsteinen gebautes **Hochhaus**. Auf den ersten Blick könnte man meinen, es sei in der Nazizeit errichtet worden, doch das täuscht: Tatsächlich wurde das Städtische Hochhaus, in dem die Münchner Planungs- und Baubehörde untergebracht ist, bereits 1929 fertiggestellt und sollte Teil eines Hochhausrings rund um die Altstadt werden, der allerdings nie verwirklicht wurde. Eine Besonderheit in dem Bau ist einer der wenigen noch funktionsfähigen Paternoster, ein nostalgischer umlaufender Aufzug, der zwischen den zwölf Stockwerken verkehrt. Gleich daneben befindet sich auf einer kleinen Verkehrsinsel das **Münchner Marionettentheater**. Sie überqueren nun die Fraunhoferstraße und kommen in den lebendigeren Teil der Müllerstraße und ins eigentliche Herz des Schwulenviertels, zugleich auch ins **Glockenbachviertel**, das im Gegensatz zum Gärtnerplatz keiner städtebaulichen Geometrie folgt. Kleine Galerien, Szenelokale, In-Cafés, eine Schwulen-Disco und der Lederclub Ochsengarten sind in diesem Teil der Müllerstraße versammelt, aber auch Bäckereien und kleine Handwerksläden. Auf Hausnummer 40 finden Sie ein bemerkenswert gut erhaltenes Wohnhaus aus dem Jahr 1829. Joseph Fraunhofer hatte hier sein optisches Institut, oben am Giebel kann man noch den Aufbau sehen, in dem sich sein Observatorium befand.

Secondhand- und Gemüseläden

Biegen Sie nun in die Holzstraße ein, in der Sie wieder eine Reihe schöner Bürgerhäuser finden, und folgen Sie ihr, bis sie links in die **Westermühlstraße** übergeht. Hier ist das Zentrum des Glockenbachviertels, heute eine exklusive Wohngegend mit zum Teil schönen, aufwendig renovierten Altbauten und einigen erschwinglichen Singlewohnungen. Links zweigt die **Hans-Sachs-Straße** ab. Das einzigartige Ensemble aus Gründerzeit- und Jugendstilhäusern ist gut erhalten und zum größten Teil aufwendig saniert, die Straße stellt ein kleines In-Viertel für sich dar, mit seiner sympathischen Mischung aus Gemüseläden, hochwertigen Secondhand-Shops, Delikatessen-Geschäften, Buchhandlung und mehreren Szene-Kneipen.

Viele halten sie für das eigentliche Herz des Glockenbachviertels.

Über die Ickstatt- und Jahnstraße gelangen Sie nun wieder zur Fraunhoferstraße, die die Grenze zwischen Gärtnerplatz- und Glockenbachviertel darstellt. Links gegenüber sehen Sie die Gaststätte Fraunhofer, eine der letzten Refugien altbayerischer Wirtshauskultur in diesem Viertel, das zugleich aber auch eine Studenten- und Künstlerkneipe ist, nicht zuletzt wegen der Kleinkunstbühne **Theater im Fraunhofer** im Hinterhaus und dem Programmkino **Werkstattkino**, das häufig Undergroundfilme zeigt, im Souterrain.

Die Isar und ihre Auen

Folgen Sie nun der Fraunhoferstraße in Richtung Westen, am besten auf ihrer nördlichen Seite, dort gibt es am meisten zu sehen. Hier wirkt die Isarvorstadt besonders großstäd-

tisch, was auch an der Trambahn liegen mag, die hier alle paar Minuten durchrattert und heftig klingelt, weil mal wieder ein unaufmerksamer Autofahrer seinen Wagen in zweiter Reihe geparkt hat und die Gleise blockiert. Vorbei an Geschäften, Bistros, Imbiss-Restaurants, Antiquitätengeschäften, Galerien und dem Postgebäude im Bauhaus-Stil von Robert Vorhoelzer von 1931 auf Nummer 20–25 gelangen Sie zur Reichenbachbrücke und damit zur Isar.

Sechs Brücken im Bereich der Isarvorstadt queren den Fluss, der einst die wichtigste Lebensader der Stadt gewesen ist, und die **Reichenbachbrücke** ist eine der jüngeren, sie wurde erst 1902 nach Plänen von Friedrich von Thiersch aus Stein gebaut und ersetzte eine ältere Holzbrücke, die während der Bauzeit der Reichenbachbrücke extra ein Stück nach Süden verrückt wurde.

Schon wegen ihrer Kleinkunstbühne ist die Gaststätte Fraunhofer (▶ S. 47) eine Institution in München: ein Forum für bekannte und weniger bekannte Kabarettisten.

Die Isarauen nahe der Reichenbachbrücke (▶ S. 47, im Hintergrund wacht
St. Maximilian) locken im Sommer unzählige Spaziergänger und Sonnenanbeter an.

Die **Isaranlagen** zwischen Corneli- us- und Wittelsbacherbrücke sind heute ein beliebtes Naherholungsge- biet. An warmen Sommertagen sind sie dicht besetzt mit Sonnenhungri- gen aller Art, Beachvolleyballer spie- len gegeneinander, Jogger und Radfahrer liefern sich Wettren- nen auf den Fußgän- gerwegen am Ostufer. Wenn Sie etwas Zeit haben, sollten Sie un- bedingt ein wenig durch die Isarauen flanieren. Sie sind hier von jeder Bebauung freigehalten und auch von größeren Veran- staltungen, weil es sich hier eigentlich um das Hochwasser- bett des Flusses handelt, das einmal im Jahr überflutet wird. Folgen Sie ansonsten der Wittelsbacher Straße

> **Ohne Ladenschluss**
> Der Kiosk an der Reichen- bachbrücke ist für München eine Besonderheit: Er hat nämlich beinahe rund um die Uhr geöffnet und ist deshalb ein beliebter Treff- punkt für Nachtschwärmer, aber auch für Familien, die sich sonntags mit frischen Semmeln für das Frühstück eindecken.

entlang des Fuß- und Radwegs am Isarufer, vorbei an der Kirche **St. Ma- ximilian**, die mit einigem guten Wil- len an Notre Dame erinnern mag, und einer Reihe von Gründerzeit- bauten entlang der Straße. Bei der Klenzestraße biegen Sie wieder in die be- baute Vorstadt ein, überqueren die Auen- straße und gelangen über die Baumstraße zur kleinen Grünan- lage Am Glockenbach und zum Karl-Hein- rich-Ulrichs-Platz. Hier treffen Sie auf den **Westermühl- bach**, einen der letz- ten noch sichtbaren Überbleibsel der ehemaligen Stadt- bäche – soweit sie nicht trockenge- legt wurden, fließen sie heute unter- irdisch.

Auch wenn der Alte Südliche Friedhof (▶ S. 49) im Glockenbachviertel heute nicht mehr als Friedhof genutzt wird, ist und bleibt er doch eine Oase der Ruhe.

Die Isar und die von ihr gespeisten Stadtbäche sind ein wesentlicher Grund für die Entwicklung der Vorstädte im Mittelalter. Die Stadtbäche bildeten die Grundlage für allerlei Gewerbe. So führte der heute noch sichtbare Westermühlbach bis zur sogenannten Oberen Lände (heute: Am Glockenbach), wo kleinere Flöße anlegen konnten, und er speiste auch die Westermühle, heute Holzstraße 28, die das Heiliggeistspital bereits 1345 gebaut hatte. Mit dem Wasser des Westermühlbachs wurde auch eine Reihe kleinerer Stadtbäche versorgt, an denen sich Färbereien, Gerbereien, Bleichereien, Zimmereien und Mühlen ansiedelten – kurz, alle Arten von Handwerk, die Wasser brauchten oder mit Wasserkraft arbeiten konnten oder mussten. So war die Isarvorstadt einst durchzogen von vielen kleinen Bächen, ein Münchner Klein-Venedig sozusa-

gen. Bis auf den Westermühlbach in seinem Teilstück ist davon heute längst nichts mehr zu erkennen. Ein Teil der Stadtbäche wurde trockengelegt, um die großflächige Bebauung im 19. Jh. überhaupt erst zu ermöglichen.

Oase der letzten Ruhe

Überqueren Sie den Westermühlbach an der Nordseite des Platzes bei der kleinen Fußgängerbrücke und gehen Sie in den **Alten Südlichen Friedhof** 3. Der ist eine Oase der Ruhe und wird schon lange nicht mehr als Friedhof genutzt. Tatsächlich finden sich dort Grabmäler aus mehreren hundert Jahren, denn schon 1563 wurde er angelegt, damals noch als letzte Ruhestätte für die Armen. Später diente er als Pestfriedhof, und auch viele der aufständischen Bauern, die bei der »Sendlinger Mordweihnacht« umkamen, wurden hier beigesetzt. Später – und besonders in seinem südlichen, neueren Teil – wurde er zur letzten Ruhestätte für viele berühmte Münchner: Wissenschaftler (darunter Max von Pettenkofer und Georg Simon Ohm), Künstler (u. a. Carl Spitzweg, Leo von Klenze und Wilhelm von Kaulbach), reiche Bürger und hohe Offiziere. Heute freilich ist er auch ein ruhiger Park; hierher kommen Mütter mit Kinderwägen und füttern die Eichhörnchen, Studenten sitzen auf den Parkbänken und pauken für die nächste Klausur.

Im Schlachthofviertel

Am südlichen Ausgang wenden Sie sich nach links und überqueren die verkehrsreiche Kapuzinerstraße an der Ampel, um in die Dreimühlenstraße zu gelangen. Hier befinden Sie sich bereits im **Schlachthofviertel**, das erst in den letzten Jahren schick geworden ist. Noch hat es sich das Flair der Arbeitervorstadt bewahren können, aber die ersten Luxussanierungen haben schon stattgefunden, und man sieht das sogar in der Dreimühlenstraße, die wegen ihres großen Blocks an Genossenschaftswohnungen auf der Westseite an und für sich relativ gefeit sein müsste gegen Wohnraumspekulation. Dass dem leider nicht so ist, kann man an den herausgeputzten Fassaden und der zunehmenden Zahl an Geschäften für den exklusiveren Geschmack entnehmen.

Die erste U-Bahn

Pläne für eine Münchner U-Bahn gab es schon zur Nazizeit. Hitler führte am 22. Mai 1938 den »ersten Rammstoß« für den Bau am Goetheplatz aus. Der im Rohbau fertiggestellte Bahnhof Goetheplatz diente im Krieg als Luftschutzraum und wurde später mit Schutt aufgefüllt. Mit dem U-Bahnbau seit 1965 legte man das Teilstück wieder frei.

Machen Sie nun einen kleinen Abstecher von der Ehrengutstraße zum Roecklplatz, der mit seinen Lokalen und der **Eisdiele Roma** das Zentrum des kleinen Dreimühlenviertels darstellt. Über die Ehrengutstraße gehen Sie dann zur Thalkirchner Straße und biegen links in die Zenettistraße ein. Hier liegt zu beiden Teilen der Straße der städtische **Schlacht- und Viehhof**. Erbaut wurde er 1876, vorwiegend aus hygienischen Gründen: Er sollte die vielen Hinterhofmetzgereien ablösen und Abfälle und Abwässer zentral entsorgen. Inzwischen wird oft über einen Umzug nachgedacht, Teilbereiche sind auch schon ausgelagert. In den verbliebenen Hallen haben sich Gastronomiebetriebe und Metzger angesiedelt. Über die Fortsetzung der Zenettistraße gelangen Sie zur Lindwurmstraße, einer recht großstädtisch wirkenden Pappelallee, die von hier aus schnurgerade zum Sendlinger Tor führt. Gehen Sie die breite Geschäftsstraße mit ihren Supermärkten und kleinen Läden entlang bis zum **Goetheplatz**, einem verkehrsreichen Platz, den man nur schwer mit dem großen Dichter in Verbindung bringt. Am nordwestlichen Ende beginnt das Klinikviertel, am südwestlichen steht ein für München ungewöhnlicher Bau: die **Goethe-Post** mit ihrer raffiniert geschwungenen Fassade, wiederum ein Vorhoelzer-Bau aus dem Jahr 1932 im Bauhaus-Stil.

SEHENSWERTES

Münchner Marionettentheater ▸ S. 148, B 14

Städtische Puppenbühne mit über 100 Jahren Tradition. Nicht nur ein Spaß für Kinder!

Blumenstr. 32 • www.mucmatheater.de • Spielzeit anfragen • Eintritt 9–19 €

ESSEN & TRINKEN

Makassar ▸ S. 148, A 16

Französisch-kreolische Küche auf hohem Niveau mit entsprechenden Preisen.

Dreimühlenstr. 25 • Tel. 0 89/77 69 59 • www.makassar.de • Mo–Sa 18.30–1 Uhr • €€€

Fraunhofer ▸ S. 148, B 15

Ein bayerisches Wirtshaus mit bodenständiger Kost zu zivilen Preisen. Sonntags öfters Frühschoppen mit Programm. Angeschlossen ist ein Theater mit Kabarett und Volksmusik.

Fraunhoferstr. 9 • Tel. 0 89/26 64 60 • www.fraunhoferwirtshaus.de • Mo–Fr 16.30–1, Sa 11–1, So 10–1 Uhr • €€

Eisdiele Roma ▸ S. 148, A 16

Eine Institution am Roecklplatz: Hier trifft sich das ganze Viertel, um eine leckere Auswahl aus 24 Eissorten zu genießen.

Ehrengutstr. 23 • Tel. 0 89/76 32 19 • tgl. 9–19 Uhr • €

AM ABEND

Holy Home ▸ S. 148, C 15

Eine der Bars, mit denen das Glockenbachviertel zum Szene-Stadtteil wurde. Ein Hauch von Berlin mit vielen jungen Kreativen und solchen, die sich dafür halten.

Reichenbachstr. 21 • Tel. 0 89/2 01 45 46 • So–Mi 18–1, Do–Sa 18–3 Uhr

Jazzbar Vogler ▸ S. 148, C 14

Viele Jazzclubs gibt es nicht mehr in München, der Vogler ist einer davon und hält sich seit vielen Jahren wacker in der Innenstadt.

Rumfordstr. 17 • Tel. 0 89/29 46 62 • www.jazzbar-vogler.com • Mo–Sa 19–1 Uhr

Wirtshaus im Schlachthof ▸ S. 147, F 12

Ein Kleinkunstzentrum mit angeschlossenem Wirtshaus. Im großen Saal und in der kleinen Bühne ist immer was los. Die Küche tischt bayerisch-traditionelle Gerichte auf.

Zenettistr. 9 • Tel. 0 89/72 01 82 64 • www.im-schlachthof.de • Mo–Sa 17–1, So 18–1 Uhr

Das nationalsozialistische München

Mit seinem finsteren Erbe ist München lange Zeit nicht sehr selbstsicher umgegangen. In dieser Stadt wurde der Aufstieg Adolf Hitlers und seiner NSDAP erst möglich, aber heute erinnert nur noch sehr wenig an die Zeit, als München »Hauptstadt der Bewegung« und »Stadt der deutschen Kunst« gewesen ist. Nach dem Zweiten Weltkrieg, der große Teile der Innenstadt zu einer Ruinenlandschaft gemacht hatte, wurden die meisten Spuren der NS-Zeit getilgt zugunsten eines historischen Wiederaufbaus.

◀ Schauplatz der Geschichte: die Feldherrnhalle (▶ S. 53) im November 1935 bei Einführung der Wehrpflicht.

START/ENDE U-/S-Bahn: Marienplatz

DAUER 3 Stunden

Am Marienplatz, im **Neuen Rathaus**, dem Ausgangspunkt dieses Spaziergangs, begann die nationalsozialistische Herrschaft über die Stadt, und hier endete sie auch – übrigens genau am 30. April 1945, an jenem Tag, als Adolf Hitler im Bunker der Berliner Reichskanzlei Selbstmord beging. An die Befreiung durch die amerikanischen Truppen erinnert eine Inschrift am Toreingang. Etwas versteckter ist ein anderes Denkmal: Im Treppenhaus rechts von der Tordurchfahrt findet man eine Gedenktafel, gestaltet von der Künstlerin Beate Passow, die an die Ermordung von rund 3000 Münchner Juden im litauischen Kaunas erinnert. Sie waren 1941 dorthin deportiert und erschossen worden.

Marsch auf die Feldherrnhalle

Rechts vom Neuen Rathaus befindet sich das **Alte Rathaus**, auch das ein geschichtsträchtiger Ort. Hier wurde das letzte offizielle Startsignal gegeben für die systematische Vernichtung des deutschen Judentums. Denn hier rief Joseph Goebbels während einer Parteiveranstaltung am 9. November 1938 zur sogenannten Reichskristallnacht auf – in ganz Deutschland wurde dieser Aufruf befolgt, Synagogen niedergebrannt und Tausende Juden inhaftiert. Äußerlich erinnert hier freilich kaum etwas an die Geschehnisse der NS-Zeit und die Rolle, die die »Hauptstadt der Bewegung« (jenen Titel erhielt München von Hitler persönlich schon kurz nach der Machtergreifung im Januar 1933 verliehen) in jenen Tagen spielte. Eine Gedenktafel gibt es zwar, doch die wird gerne übersehen. Vom Alten Rathaus gelangt man zurück zum Marienplatz und über die Dienerstraße in Richtung Norden, vorbei am Delikatessenhaus **Dallmayr**, das in ganz Deutschland als Feinkosthaus berühmt ist. Am Max-Joseph-Platz bei der Residenz folgen wir der Residenzstraße – hier entlang führte auch der Weg der Putschisten vom 9. November 1923 zur **Feldherrnhalle**. In der Nacht zuvor hatte Adolf Hitler im Haidhauser Bürgerbräukeller den Aufstand geprobt, die »Nationale Revolution« ausgerufen und zum Marsch auf die Feldherrnhalle geblasen. Doch diesmal wurde der nationalsozialistische Putsch noch einmal niedergeschlagen, 15 Putschisten, vier Polizisten und ein Unbeteiligter kamen bei den Schießereien ums Leben. Anstifter Hitler wurde wegen Hochverrats verhaftet und in einem fragwürdigen Verfahren zu einer kurzen Festungshaft in Landsberg verurteilt. Wäh-

> **Erste Putsch-Gerüchte**
> Der Hitler-Putsch vom November hatte eine längere Vorgeschichte. Schon am 1. Mai 1923 hatte die SA einen bewaffneten Aufmarsch auf dem Oberwiesenfeld abgehalten, der die Gerüchte nährte, Hitler wolle die Macht gewaltsam an sich reißen. Die Versammlung wurde jedoch von Polizei und Reichswehr aufgelöst.

rend dieser Haftzeit verfasste er seine Hetzschrift »Mein Kampf«.

Gasse der Drückeberger

Nach der Machtübernahme durch die Nazis wurde die Feldherrnhalle zum nationalen Symbol für die sogenannte Kampfzeit der Bewegung. Eine »Ewige Wache« wurde dort rund um die Uhr postiert, und alle vorbeikommenden Passanten waren gehalten, das Bauwerk mit erhobener Hand, dem »Hitler-Gruß«, zu ehren. Regimekritische Münchner vermieden das nach Möglichkeit und nahmen den Umweg über die kleine Viscardigasse hinter der Halle, die deshalb schon bald den Spitznamen **»Drückeberger-Gasserl«** be-

kam. Heute würdigt diese tapferen Münchner eine in das Pflaster eingelassene goldene Spur, ein Werk des Künstlers Bruno Wank. An die Funktion der Feldherrnhalle und ihre Bedeutung während der NS-Zeit erinnert eine Gedenktafel an der Ostseite ihres Sockels an der Residenzstraße.

Die Feldherrnhalle bildet die südliche Begrenzung des **Odeonsplatzes**, auf den Sie jetzt gelangen. Er war nach 1933 überhaupt einer der symbolträchtigsten Plätze der NS-Herrschaft in der Stadt. Hier wurde alljährlich im November der Marsch zur Feldherrnhalle nachgestellt, hier fanden die Abschlusskundgebungen statt, bei denen die Volksgemein-

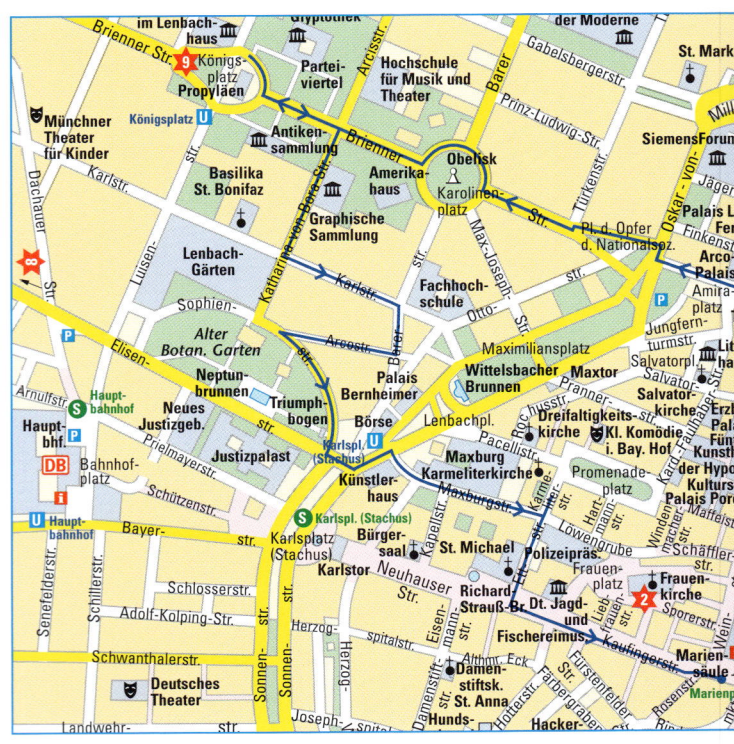

schaft auf die Treue zum Führer und zum Nationalsozialismus eingeschworen wurde. Und hier stand auch die Ehrentribüne bei den pompösen Festzügen zum »Tag der Deutschen Kunst«, die vom Haus der Kunst über die Ludwigstraße zum Königsplatz führten.

Moderne Kunst: entartet und undeutsch

Auf dem Weg zum Haus der Kunst biegen wir nördlich des Odeonsplatzes beim Café Tambosi in den Hofgarten ein. In den nördlich angrenzenden Seitengebäuden, den **Hofgartenarkaden**, fand 1937 die berühmte Hetz-Ausstellung »Entartete Kunst« statt, die den Startschuss gab für die Ächtung der klassischen Moderne und aller Kunstrichtungen, die in den Augen der Nazis »undeutsch« waren. Sie zeigte 650 Objekte auf engstem Raum – Werke von Ernst Ludwig Kirchner, Franz Marc, Kurt Schwitters, Max Beckmann, George Grosz und Wassily Kandinsky. Im hinteren Hofgarten selbst finden Sie unmittelbar vor der heutigen **Staatskanzlei**, die um den Mittelbau, den Ruinenresten des einstigen Bayerischen Armeemuseums mit dem charakteristischen Kuppelbau, gebaut wurde, das 1924 errichtete Denkmal des Unbekannten Soldaten. Ein düsterer, tiefer gelegter Bau unter einer tonnenschweren Grabplatte. Der Soldat selbst ist eine lie-

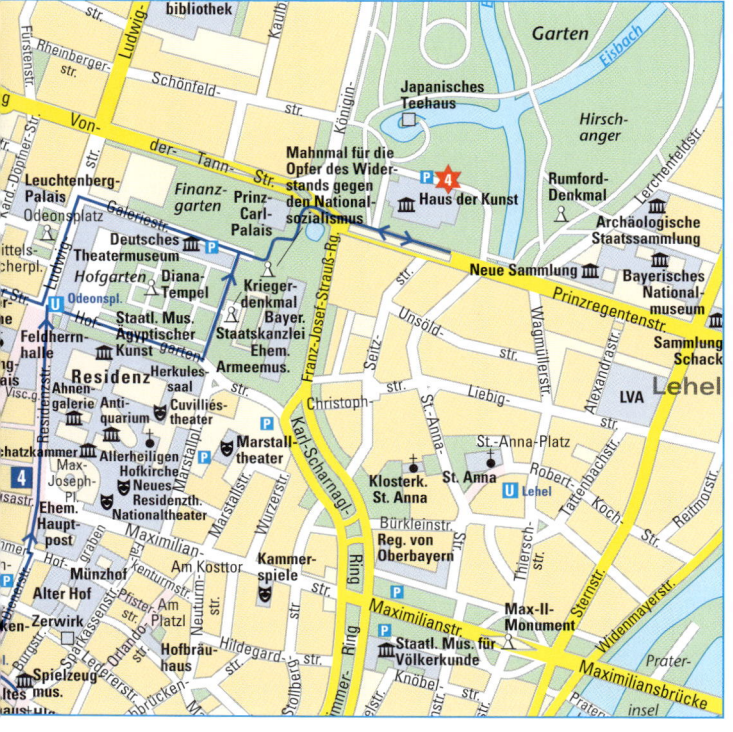

Bei der Eröffnung der Propaganda-Ausstellung »Entartete Kunst« (▸ S. 55) am 19. Juli 1937 in den Hofgartenarkaden standen die Besucher Schlange.

gende Figur. Zu Zeiten der Weimarer Republik wurde das Denkmal immer wieder von Rechtsextremen als Kulisse für nationalistische Gedenkfeiern genutzt.

Von hier aus wenden wir uns nach Norden, wo wir auf ein wesentlich unscheinbareres Monument treffen: ein schwarzer Kubus des Künstlers Leo Kornbrust, auf dem beispielhaft die Namen und einige kurze Texte von Hans und Sophie Scholl, Erwin von Witzleben und Josef Hufnagel stehen – das offizielle **Mahnmal für die Opfer des Widerstands gegen den Nationalsozialismus**. Diese Auswahl der Vertreter des Widerstands wurde zum Teil heftig kritisiert: Denn Sozialdemokraten oder Kommunisten, die in München stark vertreten waren, kommen auf dem offiziellen Gedenkstein der Staatsregierung gar nicht vor – eine durchaus bayerische Form der Vergangenheitsbewältigung. Vom Hofgarten aus sieht man auch bereits das

Schlechtes Zeichen

Bei der Grundsteinlegung für das Haus der Kunst zerbrach der silberne Hammer, mit dem Hitler den Grundstein setzen sollte. In der Öffentlichkeit wurde das vielfach als böses Omen für das neue Gebäude gewertet – wohl zu Recht.

Haus der Kunst : ein typischer Nazibau, entworfen von Hitlers damaligem Lieblingsarchitekten Paul Ludwig Troost (1878–1934). Den Grundstein für das damalige »Haus der Deutschen Kunst« im stark vergröberten klassizistischen Stil legte der Führer persönlich im Jahr 1933, fertiggestellt wurde es aber erst im Juli 1937. Von diesem Jahr an fand hier jährlich die »Große Deutsche Kunstausstellung« statt:

Staatlich geförderte Kunst im Dritten Reich: die »Sieger«-Skulptur von Ottmar Obermeier bei der Ausstellung 1937 im neu eröffneten Haus der Kunst (▶ S. 56).

mehr Propaganda-Veranstaltung für die braune Blut- und Bodenideologie als eine tatsächliche Leistungsbilanz, wie man sich unschwer vorstellen kann.

Heute ist das Haus der Kunst eine Ausstellungshalle für große internationale Werk- und Überblicksschauen, überwiegend für die Moderne und die zeitgenössische Kunst: nicht die schlechteste Nutzung, denn hier ist nun genau das zu sehen, was die Nazis ein für allemal vernichten wollten und dem sie den Kampf angesagt hatten. An die unheilvolle Geschichte des Hauses erinnert heute eine Dauerausstellung im Foyer, die kostenlos besichtigt werden kann.

Nationalsozialistische Prachtmeile

Auf der Terrasse des Hauses der Kunst sollten Sie noch ein wenig verweilen. Von hier aus, in Richtung Osten, hatten die Nazis einen monumentalen Stadtumbau geplant. Die hässliche Unterführung der Von-der-Tann-Straße vor dem Ausstellungsgebäude geht zwar nicht auf ihr Konto, sondern war eine Erfindung der 1960er-Jahre, sie macht aber dennoch die gewaltigen Dimensionen ansatzweise deutlich, die schon unter der braunen Diktatur geplant waren. Die Prinzregentenstraße sollte zu einer **nationalsozialistischen Prachtstraße** ausgebaut werden mit zahlreichen Verwaltungsbauten – erhalten geblieben ist davon das Luftgaukommando Süd an der Prinzregentenstraße 28, das heute Sitz des Bayerischen Wirtschaftsministeriums ist, aber immer noch martialische Stahlhelme über den Fenstergiebeln des Kopfgebäudes aufweist, Adler über dem Eingang und schmiedeeiserne Gitter in Mauerdurchbrüchen und vor Fenstern, die stilisierte Hakenkreuze zeigen.

Riesige Straßenzüge als zentrale Achsen der Stadtgestaltung sollten nach der Vorstellung der Nazis ganz München radikal neu gestalten. Kernpunkt dieser Pläne war ein riesiger Prachtboulevard, beginnend am Stachus, von 6 km Länge und 120 m Breite, der erst in Pasing, am westlichen Stadtrand, in einem neuen Hauptbahnhof in Form einer riesigen Kuppelhalle enden sollte. Dieser Boulevard wäre gesäumt worden von zahlreichen Monumentalbauten wie einer »Halle der Partei« und einem 200 m hohen »Denkmal der Bewegung« (zum Vergleich: Die Türme der Frauenkirche sind nur 98 und 99 m hoch). Man kann mit Fug und Recht sagen: Wären diese Pläne jemals verwirklicht worden, so hätten sie München noch nachhaltiger zerstört, als es der schlimmste Bombenkrieg je hätte fertigbringen können. Vom Haus der Kunst aus gehen Sie nun zurück über die Galeriestraße zum Odeonsplatz und biegen dort links in die Brienner Straße ein. Die feine Einkaufsmeile mit dem traditionsreichen **Café Luitpold** mag noch ein bisschen den Eindruck jenes gutbürgerlichen Lebens in München vermitteln, wie es zu Zeiten der Weimarer Republik geherrscht hat. In den Salons der besseren Gesellschaft jener Tage, die in ihrer überwiegenden Mehrheit der Monarchie nachtrauerte und die Demokratie als »Pöbelherrschaft« ablehnte, wurde der Emporkömmling Adolf Hitler

gehätschelt und gefördert – sei es, weil man ihn als nützlichen Idioten betrachtete, der die einfachen Volksschichten erreichen und beeinflussen konnte, sei es, weil man seine abstrusen Theorien wirklich glaubte. Hier fand Hitler jedenfalls viele seiner Geldgeber, die seine Partei groß machten. Unter ihnen war auch der Verleger Hugo Bruckmann, in dessen Haus am Karolinenplatz 5 Hitler oft zu Gast war.

Das einstige Parteiviertel

Hier, rund um den Königsplatz, befinden Sie sich nun schon im ehemaligen **Parteiviertel** der NSDAP. Mehr als 50 Gebäude wurden hier nach 1933 zur Machtzentrale der Partei umgewandelt, zum Teil auch »arisierte« Häuser jüdischer Geschäftsleute, wie das Anwesen des Kürschners und Damenschneiders Adolf Rothschild an der Brienner Straße 52, direkt am Wittelsbacher Platz, oder das des jüdischen Antiquars Jacques Rosenthal in der Brienner Straße 26, das zum Sitz der NS-Organisation »Kraft durch Freude« wurde. Beide mussten ihre Immobilien weit unter Wert verkaufen. So wie ihnen ging es vielen Münchner Juden. Doch das war erst der Anfang des Vernichtungswerks. Immerhin 8000 Münchner Juden gelang bis 1942 die Flucht, mehr als 4500 wurden deportiert und ermordet. An sie erinnert heute ein unterirdischer »Gang der Erinnerung« am St.-Jakobs-Platz, der das **Jüdische Gemeindezentrum** mit der neuen Syn-

> **Weißer Terror**
>
> Das Haus Karolinenplatz 5 war schon zur Zeit der Räterepublik Schauplatz rechten Terrors: Die weißen Freikorps ermordeten hier 21 Mitglieder eines katholischen Gesellenvereins, die sie irrtümlich für Revolutionäre gehalten hatten.

agoge verbindet und sämtliche Namen der ermordeten Münchner Juden auflistet.

Mehr als 6000 Angestellte waren im Parteiviertel im Dienste der NSDAP beschäftigt; von der zentralen deutschlandweiten Mitgliederverwaltung bis zur kleinen regionalen Nebenorganisation. Kernstück des Parteiviertels war natürlich das »Braune Haus«, die Parteileitung der Nazis. Das ehemalige Palais Barlow wurde schon 1930 mithilfe von Spenden aus der Industrie und vom Großbürgertum gekauft und nach Plänen Hitlers umgebaut. Im Krieg wurde es vollständig zerstört; auf dem Grundstück entsteht nun in den nächsten Jahren ein längst überfälliges **NS-Dokumentationszentrum**, das sich mit der Entstehung und der Geschichte des Nationalsozialismus in München beschäftigt. Bislang erinnert nur eine Informationstafel zum Parteiviertel an der Ecke Arcisstraße an die braune Vergangenheit des grasbewachsenen, brachliegenden Grundstücks. Die Eröffnung des Dokumentationszentrums ist für 2014 geplant.

Vom Führerbau zur Musikerziehung

Direkt gegenüber sehen Sie, an der unmittelbaren Zufahrt zum Königsplatz, noch die von Grün überwucherten Fundamente der beiden »Ehrentempel«, die bis 1945 den Platz begrenzten. Hierhin hatten die Nazis die Gefallenen des November-Putsches von 1923 umgebettet, eine weitere »Ewige Wache« stand Tag und Nacht davor. Die Amerikaner sprengten die beiden Bauten nach dem Krieg: Sie wollten so verhindern, dass eine Kultstätte der Nazis erhalten bleiben würde. Die Fundamente blieben stehen, und in der

Das Modell zeigt ein »neues München« mit der 6 km langen Ost-West-Achse (▶ S. 58), wie Adolf Hitler es sich erträumt hat.

Die Briefmarke der Deutschen Reichspost aus der Serie »Bauten für das Winterhilfswerk« von 1936 zeigt einen Entwurf des Führerbaus (▶ S. 60) in der Arcisstraße.

Nachkriegszeit ließ man einfach, im Wortsinne, Gras über die Sache wachsen.

Erhalten geblieben sind jedoch die beiden Parteibauten auf der Straßenseite gegenüber: der sogenannte Führerbau an der Arcisstraße 12, in dem heute die **Musikhochschule** untergebracht ist und in der man immer noch Bodenmosaike mit angedeuteten Hakenkreuzen sehen kann, und der Verwaltungsbau in der Katharina-von-Bora-Straße 10 (die bis vor Kurzem noch Meiserstraße hieß), in dem unter anderem die Mitgliederkartei der NSDAP untergebracht war. Der **Führerbau** war hauptsächlich als repräsentativer Konferenzbau für den Empfang ausländischer Staatsgäste gedacht. Insbesondere Mussolini war hier des Öfteren zu Gast, die »Achse Berlin – Rom« wurde hier geschmiedet, und auch das »Münchner Abkommen«, das unter anderem die Annektion des Sudetenlandes an das Deutsche Reich durch die Westmächte sanktionierte, wurde hier 1938 beschlossen.

Im **Verwaltungsbau**, ebenso wie sein Pendant an der Arcisstraße und die beiden Ehrentempel wiederum von Architekt Paul Ludwig Troost entworfen, ist seit Kriegsende unter anderem das Zentralinstitut für Kunstgeschichte untergebracht. An der rückwärtigen Fassade des Hauses kann man immer noch Einschusslöcher und Spuren von Bombenschä-

> **Unterirdische Bunker**
> Die Parteibauten rund um den Königsplatz und die Ehrentempel waren durch ein weitläufiges, unterirdisches Bunker- und Gängesystem miteinander verbunden. Es besteht nach wie vor, kann aber nicht besichtigt werden.

Im Führerbau unterzeichnen die Teilnehmer der Münchner Konferenz (▶ S. 60) am 29. September 1938 das Abkommen, das die Annexion des Sudetenlands besiegelt.

den sehen. Die beiden Bauten sind ansonsten gut erhalten und in ihrer mediokren Architektur typisch für ihre Zeit. Wie armselig Troosts Klassizismus im Schmalspurformat ist, sieht man besonders gut im Vergleich mit dem Königsplatz, und es ist fast schon erstaunlich, dass ein immerhin gelernter Architekt nicht selbst erkannte, wie wenig seine Entwürfe mithalten konnten mit dem klassizistischen Ensemble.

Schauplatz Bücherverbrennung

Der Königsplatz selbst war für die Nazis von Anfang an eine willkommene, prächtige Kulisse für Partei- und Militärspektakel aller Art. Sie ließen den Platz 1935 mit 20 000 schweren Granitplatten pflastern (erst 1988 wurde er wieder begrünt). Es fanden regelmäßig Großkundgebungen, Rekrutenvereidigungen

und ähnliche Veranstaltungen statt. Am 10. März 1933 brannten hier wie überall in Deutschland die Werke der bedeutendsten deutschen Schriftsteller; mit der inszenierten Bücherverbrennung wollten die Nazis all jene brandmarken, die ihnen unliebsam waren. In der Folge wurde der Königsplatz zum zentralen Aufmarschgelände in der Stadt, ausgestattet mit einer großen Licht- und Tonanlage, die pompöse Inszenierungen erlaubte. 1934 fand hier die Vereidigung der Reichswehr auf die Person Adolf Hitlers statt.

Vom Königsplatz gehen Sie die Katharina-von-Bora-Straße Richtung Süden hinunter. Auf der rechten Seite befindet sich auf Nummer 13 das **Evangelisch-Lutherische Landeskirchenamt**. Es spielte während der Nazizeit eine zwiespältige Rolle. Nach anfänglicher Anbiederung durch »Selbstgleichschaltung« und

Der martialische Reichsadler an der Frontseite der Oberfinanzdirektion München
(▶ S. 62) sollte einst die Stärke des Dritten Reichs symbolisieren.

Übernahme des Führer-Prinzips wurde später durchaus versucht, den geringen Einfluss zu nutzen, um Verfolgten zu helfen und die »Bekennende Kirche« zu unterstützen, soweit das überhaupt möglich war. Einen offiziellen Protest gegen das Regime gab es von Seiten der evangelischen Kirche jedoch nicht.

Straße der Verwaltung

An der nächsten Ecke biegen Sie in die **Karlstraße** ein, wo sich ein reines Verwaltungszentrum der Nazis befand. Sie hatten nach und nach die ganze Straße aufgekauft. Hier residierten unter anderem der Nationalsozialistische Deutsche Ärztebund (Nr. 21), die Reichspressestelle der NSDAP (Nr. 18), die Reichsführung des NS-Deutschen Studentenbundes (Nr. 16), die Reichsjugendführung der NSAP (Nr. 14), die Nebenstelle München der Reichsführung SS und das SS-Gericht (Nr. 10) sowie die Reichspropagandaleitung (Nr. 6–8). Davon ist inzwischen so gut wie nichts mehr zu erkennen; die Häuser in der Karlstraße werden heute meist von Privatfirmen oder der Universitätsverwaltung genutzt.

An der Barerstraße gehen Sie nach rechts und biegen kurz danach wieder nach rechts in die Arcostraße ein. Sie mündet in die Sophienstraße, wo gleich rechts auf Nummer 6 das ehemalige **Oberfinanzpräsidium** München (heute Oberfinanzdirektion) steht. Von 1938 bis 1942 vom Architekten Franz Stadtler erbaut, ist es ein typisches Zeugnis für Nazi-Architektur. Die klobig-überdimensionierten Durchgänge und der burgartige Innenhof sind eigentlich grotesk unangemessen für ein Finanzamt. Das Gebäude ist noch weitgehend im Originalzustand erhalten, wovon auch der martialische Reichsadler an

Auch das altehrwürdige Park-Café an der Stelle des abgebrannten Glaspalastes im Alten Botanischen Garten (▸ S. 63) ist unverkennbar ein Bau der NS-Architektur. ▸

der Frontseite kündet, dem man lediglich das Hakenkreuz im Ehrenkranz abgeschlagen hat. Das Oberfinanzpräsidium spielte eine gewichtige Rolle bei der sogenannten Arisierung jüdischen Vermögens und bei der Existenzvernichtung der jüdischen Bevölkerung. Nach dem Krieg war hier kurz das Amerikahaus untergebracht, dessen Aufgabe die demokratische Erziehung der deutschen Bevölkerung war, und auch der Bayerische Landtag tagte bis 1949 in den Räumen, bis er seinen endgültigen Sitz im Maximilianeum einnehmen konnte.

An der Sophienstraße – beziehungsweise im **Alten Botanischen Gar-**

Judenverfolgung

Vor dem Zweiten Weltkrieg hatten mehr als 10 000 Juden in München gelebt, am Ende waren es kaum noch 100. Mehr als 3000 Münchner Juden waren deportiert und ermordet worden. Viele konnten sich in die Emigration retten, mehrere hundert Menschen nahmen sich aus Verzweiflung das Leben.

ten – befinden sich aber noch weitere Nazibauten, die selten als solche wahrgenommen werden. So entstand das **Park-Café** auf Nummer 7 zwischen 1935 und 1937 als Café Botanischer Garten, wobei besonders der dreiteilige Säulenportikus typisch für die NS-Architektur mit ihrer überdimensionierten Formensprache ist. Ebenfalls aus diesen Jahren stammt der kleine **Pavillon**, der heute dem Schutzverband Bildender Künstler als Ausstellungsort dient. Sie überqueren nun den Lenbachplatz und gelangen am Künstlerhaus vorbei zur Ecke Maxburg-/Herzog-Max-Straße. Hier stand bis Juni 1938

Der regimefeindliche Jesuitenpater Rupert Mayer (▶ S. 64) führt eine Fronleichnamsprozession (1945) in München an.

die Synagoge der Liberalen Jüdischen Gemeinde, sie musste auf Anweisung der Stadtverwaltung von der Gemeinde selbst abgerissen werden, vorgeblich, um Raum für Parkplätze zu schaffen. Die Münchner Synagoge war damit die erste in Deutschland, die auf Befehl der Nazis abgerissen wurde. Immerhin entging sie so dem Schicksal der Synagoge der jüdischen Kultusgemeinde in der Herzog-Rudolf-Straße, die in der Pogromnacht vom 9. November 1938 niedergebrannt wurde.

Über die Maxburgstraße gelangen Sie zur Ettstraße, dem Sitz des Münchner **Polizeipräsidiums**. Es war in der Nazizeit die erste Station der Verfolgung für politisch Missliebige, bevor sie ins Wittelsbacher Palais oder ins KZ Dachau überführt wurden.

Mutiger Jesuit

An der Ecke zur Neuhauser Straße steht die Jesuitenkirche St. Michael. Auch dieses Gotteshaus ist letztlich ein Ort, der an die NS-Zeit erinnert, allerdings mit einem positiven Hintergrund. Denn hier predigte **Pater Rupert Mayer**, der ab 1912 mit der Seelsorge über die Zuwanderer in München betraut worden war. Schon in den 1920er-Jahren erkannte er die drohende Gefahr, die von den Nationalsozialisten ausging. Engagiert bezog er Stellung gegen das Unrechtsregime und wurde so zur Symbolfigur für den katholischen Widerstand. Seine deutlichen Worte von der Kanzel brachten ihm im April 1937 ein Rede- und Predigtverbot ein. 1987 wurde der Geistliche von Papst Johannes Paul II. im Münchner Olympiastadion seliggesprochen. Beigesetzt ist er in der Bürgersaalkirche, ebenfalls in der Neuhauser Straße, die seit August 2008 auch ein kleines Museum mit dem Schwerpunkt Pater Rupert Mayer beherbergt.

MUSEEN

Münchner Stadtmuseum ▸ S. 148, B 14

Das Stadtmuseum bietet im historischen Zeughaus einen guten Überblick über die Geschichte Münchens vom Anbeginn bis zur Gegenwart.
St.-Jakobs-Platz 1 • www.muenchner-stadtmuseum.de •
Di–So 10–18 Uhr • Eintritt 4 €, So frei

Pater-Rupert-Mayer-Museum ▸ S. 148, B 14

In der Bürgersaalkirche, unweit seiner einstigen Wirkungsstätte, hat die Erzdiözese ein kleines Museum für den mutigen Jesuiten eingerichtet, dessen sterbliche Überreste ebenfalls hier beigesetzt sind.
Neuhauser Str. 14 • tgl. 10–12 und 16–18.30, Do bis 21 Uhr • Eintritt frei

ESSEN & TRINKEN

Dallmayr ▸ S. 148, B 13

Feinkosthaus mit allem, was das Herz begehrt. Das Gourmetrestaurant im ersten Stock des Stammhauses spielt in der oberen Liga, Chefkoch Diethard Urbansky hat seit 2008 zwei Michelin-Sterne und noch viel Ehrgeiz.
Dienerstr. 1 • Tel. 0 89/2 13 51 00 • www.dallmayr.de • Di–Sa 19–23 Uhr • €€€

Oskar Maria ▸ S. 148, B 13

Das Restaurant im Münchner Literaturhaus setzt auf gehobene französische Brasserieküche, verlangt dafür aber auch die entsprechenden Preise.
Salvatorplatz 1 • Tel. 0 89/29 19 60 29 • www.oskarmaria.com • Mo–Sa 10–24, So 11–19 Uhr • €€€

Café Luitpold ▸ S. 148, B 13

Ein Münchner Kaffeehaus mit langer Tradition und in exklusiver Lage: Unter der 12 m hohen Glaskuppel und neben tropischen Palmen schmecken Kaffee und Kuchen noch mal so gut.
Brienner Str. 11 • Tel. 0 89/2 42 87 50 • www.cafe-luitpold.de • Mo 8–19, Di–Sa 8–23, So 9–19 Uhr €€

Park-Café ▸ S. 148, A 13

Großer Biergarten mit 1500 Plätzen mitten in der Stadt. Im Restaurant werden bayerische Schmankerl, aber auch internationale Küche serviert. Abends Musikprogramm, vorwiegend mit Jazz und Soul.
Sophienstr. 7 • Tel. 0 89/51 61 79 80 • www.parkcafe089.de • Mo–Fr 11–2, Sa, So 10–2 Uhr • €€

Café Frischhut ▸ S. 148, C 14

Ein Kaffeehaus und Traditionslokal, in dem es in aller Frühe die besten Schmalznudeln gibt. Früher eine beliebte Einkehr für späte Nachtschwärmer.
Prälat-Zistl-Str. 8 • Tel. 0 89/26 02 31 56 • Mo–Fr 7–18, Sa 5–17 Uhr • €

Der Traum von »Wahnmoching«

Bis in die Zwanzigerjahre des letzten Jahrhunderts hinein galt Schwabing als das Künstlerviertel schlechthin. Es zog viele Maler, Bildhauer, Dichter und Denker an, in deren Schlepptau aber auch Tagträumer, Spinner, verkrachte Existenzen, unter ihnen zum Beispiel den gescheiterten Kunstmaler Adolf Hitler. Von den Orten, wo sie lebten und wirkten, ist heute oft nur wenig erhalten, dennoch lassen sich bei einem Rundgang noch Spuren aus jenen Tagen entdecken, als München Deutschlands wichtigste Kunststadt war.

◄ Von Cafés und Restaurants gesäumt: die Leopoldstraße (▶ S. 72) in Schwabing.

START U-Bahn: Universität
ENDE U-Bahn: Münchner Freiheit
DAUER 2–3 Stunden

Am U-Bahnhof Universität nehmen Sie den südlichen Ausgang, biegen in die Schellingstraße ein und gehen bis zur Ecke **Türkenstraße**. Kurz davor, auf der südlichen Straßenseite bei der Hausnummer 23, sind Sie an einem ersten historischen Ort angelangt: Hier hatte der Dichter, Maler und Kabarettist Joachim Ringelnatz 1909 einen Tabakladen gekauft, den er »Zum Hausdichter« nannte und mit dem er seine unsichere Boheme-Existenz auf eine solide Grundlage stellen wollte. Leider vergeblich: Der Laden ging noch im selben Jahr pleite.

Ode an eine Kneipe
»Und mich zieht's mit Geisterhänden, ob ich will, ob nicht, ich muss, nach den bildgeschmückten Wänden, in den Simplicissimus«.
(Joachim Ringelnatz)

Wohnzimmer der Boheme

Um die Ecke, in der Türkenstraße 57, befindet sich die Stammkneipe von Joachim Ringelnatz: der legendäre **Alte Simpl**, der damals noch »Simplicissimus« hieß und 1903 von der Wirtin Kathi Kobus eröffnet wurde. Es gibt ihn immer noch, wenn auch heute vorwiegend Studenten und Touristen dort verkehren. Damals aber war der »Simpl« das Wohnzimmer der Schwabinger Boheme: Frank Wedekind kehrte hier ebenso häufig ein wie Ludwig Thoma, Oskar Maria Graf, Franz Marc oder Franziska zu Reventlow. Sogar Lenin war hier zu Gast. Ausschweifende Feste fanden hier statt, und man kann sagen, dass der »Simplicissimus« nicht eben wenig zum Ruf Schwabings als Künstlerviertel beigetragen hat.

Dabei liegt er streng genommen gar nicht in Schwabing, sondern noch in der Maxvorstadt, denn die reicht hinauf bis zur Akademiestraße, erst danach beginnt das wahre Schwabing. Aber weder Künstler noch Legenden hielten sich an enge Stadtviertelgrenzen, entscheidend war das kulturelle Klima, das man suchte und eben in den Künstlerkneipen und Kaffeehäusern fand. Wenn Sie die Türkenstraße in Richtung Süden hinuntergehen, treffen Sie etwa bei Nummer 29 auf das Haus, in dem der Dadaist Richard Huelsenbeck 1914 einige Zeit im ersten Stock wohnte. Auf Nummer 28 lebte 1901 über der Wirtschaft »Zum Goldenen Hirschen« der Dichter und Kabarettist Heinrich Lautensack, im Rückgebäude des Hauses hatte das 1901 gegründete Kabarett Die Elf Scharfrichter seine Bühne, dem neben Lautensack unter anderem Frank Wedekind angehörte. Um die Ecke, in der Theresienstraße 23, wurde 1871 der Dichter Christian Morgenstern geboren, und an der Kreuzung mit der Amalienstraße befand sich das legendäre Café Stephanie, noch bekannter unter dem Namen »Größenwahn« und eines der wichtigsten Künstlercafés dieser Tage. In der Wohnung darüber lebte bis 1906 fast zwei Jahre lang der französische Dramatiker Jean Giraudoux. Das »Stephanie« gibt es längst nicht mehr, es wurde im Krieg zerbombt. Heute befindet sich an der Amalienstraße 25 eine Bankfiliale.

Die Liste ließe sich noch lange fortsetzen. Die Nähe von Universität und Akademie zog eine Menge Künstler, Schriftsteller und Intellektuelle an, die alle zusammen das besondere Schwabinger Flair ausmachten. Man traf sich in den Kneipen und Cafés, denn dort gab es meist billige Kost, eine gute Auswahl an Zeitungen, und es war im Winter geheizt, was gewiss nicht für alle Wohnungen galt. In den Kaffeehäusern wurde diskutiert und gestritten, wurden Pläne entworfen, Feste gefeiert; Freundschaften geschlossen und Feindschaften verfestigt.

Von königlich bis postmodern

Gehen Sie nun die Amalienstraße in nördlicher Richtung hinauf. Von Ferne sehen Sie bereits das große Gebäude der **Kunstakademie**, das zwischen 1876 und 1884 von Gottfried Neureuther errichtet wurde. Es ist einer der wenigen Gebäude, die König Ludwig II. in München in Auftrag gegeben hat und das – wenngleich mit seiner Fassade im Stil der italienischen Hochrenaissance dem Historismus verpflichtet – keineswegs so fantasieschwer ist wie manch andere Bauten Ludwigs. Am westlichen Ende des Akademiegeländes schließt ein postmodern-verspielter Neubau der österreichischen Architektengruppe Coop Himmelb(l)au an, der 2006 eröffnet wurde. An der Münchner Akademie lehrten unter anderem Wilhelm von Kaulbach, Carl Piloty, Peter Cornelius; Giorgio de Chirico war als einer der berühmtesten Studenten eingeschrieben. Aber nicht nur in der Akademie gab

es Berühmtheiten; auch in der **Akademiestraße** selbst. Auf Hausnummer 15 etwa lebte der junge Bert Brecht 1923 ein paar Monate lang als Untermieter seines Freundes, des Dichters Arnolt Bronnen. Der Schriftsteller und Revolutionär Erich Mühsam war zwischen 1910 und 1915 auf Nummer 9 in der damaligen Pension Suisse gemeldet, und der Schriftsteller und Dramatiker Frank Wedekind wohnte 1891 kurzzeitig im Haus Nummer 23.

Bauwut und Jugendstil

Die Akademie trug nicht unwesentlich zum Ruf Schwabings als Künstlerviertel bei, denn viele Studenten wohnten in unmittelbarer Nähe ihres Studienorts, weil dort die Wohnungen noch günstiger waren als in der Stadt selbst. Im Zuge des Baubooms der Gründerzeit hatten viele Spekulanten in Wohnhäuser investiert, ganze Viertel wurden neu hochgezogen, anfangs befördert durch das große Wachstum der Stadt, deren Bevölkerungszahl allein in den Jahren zwischen 1890 und 1914 von 350 000 auf 645 000 angestiegen war: vor allem durch mehrere Eingemeindungen (unter anderem Schwabing im Jahr 1890), aber auch durch die zunehmende Industrialisierung und das Wirtschaftswachstum in der Prinzregentenzeit. Aber das Anwachsen der Bevölkerung wurde sogar noch übertroffen durch die Bauwut, und so standen 1903 in ganz München an die 10 000 Mietwohnungen leer, was sehr günstige Mieten zur Folge hatte. Verhältnisse, von denen man heute in München nur noch träumen kann.

Von der Akademie gehen Sie hinunter zum Siegestor und überqueren die Leopoldstraße an der Ampel. Das herrschaftlich aussehende Haus Leopoldstraße 4 mit seinem über die ganze Front reichenden Säulenportikus wurde entworfen von dem Münchner Jugendstilarchitekten Martin Dülfer; von 1899 bis 1905 beherbergte es den **Verlag »Die Insel«**, in dem auch die gleichnamige belletristische Zeitschrift erschien. Gegründet wurde sie von den beiden Studenten Alfred Walter Heymel und Rudolf Alexander Schröder mit dem Millionenerbe von Heymels Adoptivvater, als Redakteur wurde der Dichter und Journalist Julius Otto Bierbaum engagiert. Auch wenn die Zeitschrift nur drei Jahre überlebte, war sie doch stilprägend für die Literatur und Grafik der Jahrhundertwende.

Gehen Sie nun auf derselben Straßenseite zurück und über die Schackstraße links in die **Kaulbachstraße**. Es ist schwer zu sagen, wer aus der klassischen Schwabinger Boheme hier nicht gewohnt hat: Nachdem die meisten Künstler und Schriftsteller damals alle paar Monate umzogen, sind die meisten von ihnen irgendwann auch in der Kaulbachstraße gelandet. So etwa 1913 der expressionistische Lyriker Klabund, der im Erdgeschoss von Nummer 56 zusammen mit der Vortragskünstlerin Marietta di Monaco lebte.

Die verruchte Gräfin

Oder auf Nummer 63 die Schriftstellerin Franziska Gräfin zu Reventlow, deren Name mit der »Traumstadt Schwabing« so sehr verbunden ist

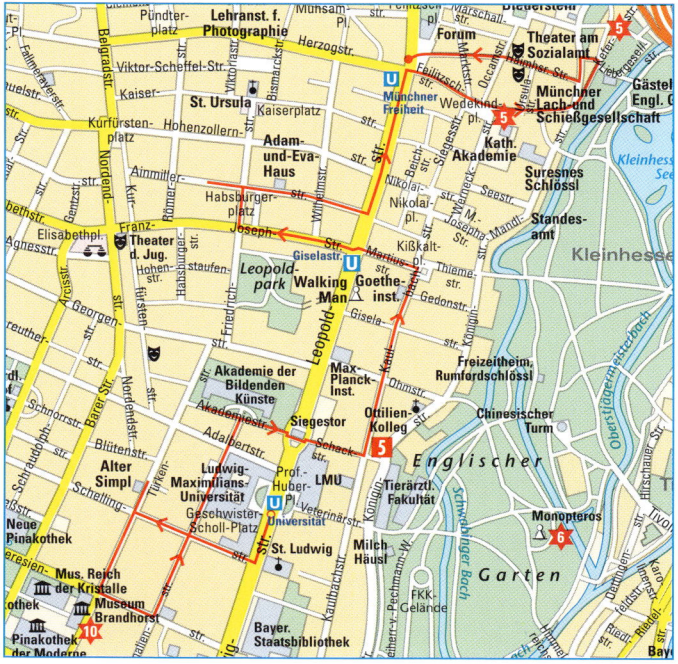

Die unkonventionelle Schriftstellerin Franziska Gräfin zu Reventlow (▶ S. 69) war die Galionsfigur der Schwabinger Boheme.

wie sonst wohl keiner. Die Reventlow lebte drei Jahre im sogenannten Eckhaus der Kaulbachstraße 63, für ihre Verhältnisse sehr lange, in einer »Ménage à trois« mit dem Künstler Bohdan von Suchocki und dem Schriftsteller Franz Hessel sowie mit ihrem unehelichen Sohn Rolf zusammen. Die Erlebnisse flossen in ihren klassischen Schwabing-Roman von 1913 »Herrn Dames Aufzeichnungen oder Begebenheiten aus einem merkwürdigen Stadtteil« ein, und die gebürtige Gräfin, die ein für die damalige Zeit recht freizügiges Leben trotz ständiger materieller Not führte, prägte auch den Begriff »Wahnmoching«

für die Atmosphäre der Boheme. Im Mai 1918 wohnte übrigens Bert Brecht im zweiten Stock der Nummer 63 a, in unmittelbarer Nähe zum »Eckhaus« also, und stellte sein Drama »Baal« fertig. Zu dieser Zeit war die Reventlow jedoch nicht mehr in München, sie starb am 26. Juli 1918 in einer Klinik in Locarno an den Folgen einer Operation.

Auch wenn viele der Wohnhäuser im Krieg zerstört wurden oder in der Nachkriegszeit einer lukrativeren Bebauung weichen mussten: Ein bisschen von dem Flair der Schwabinger Boheme in jener Zeit kann man durchaus noch erahnen. Tatsächlich gab es ja eine

Der Münchner Jugendstil

München gilt als einer der Geburtsorte des Jugendstils – nicht zuletzt wegen der namensgebenden Zeitschrift »Jugend«, die der Verleger Georg Hirth hier im Jahr 1896 gegründet hatte. In Schwabing sind trotz Kriegszerstörungen noch die meisten Jugendstilhäuser der Stadt erhalten.

Einen außergewöhnlichen Fassadenschmuck weist der Erker des Palais Bissing in der Georgenstraße 10 auf: Medaillonporträts u. a. von Michelangelo und Raffael.

seltsame Mischung zwischen den mehr oder weniger etablierten Künstlern in diesem Stadtteil, die in repräsentativen Bürgerhäusern lebten – wie etwa in der Giselastraße 7, wo der Schriftsteller und Dramatiker Josef Ruederer und der Maler Lovis Corinth wohnten – und den anderen, noch nicht anerkannten, die oft in kleinsten Wohnungen hausten und dort ihren künstlerischen Neigungen nachgingen, immer bedroht durch den Rauswurf, weil sie gerade mal wieder ihre Miete nicht bezahlen konnten oder weil den kleinbürgerlichen Hausleuten ihr Lebenswandel nicht gefiel.

Weltabgewandte Schöngeisterei

In der Tat war ja manches gewöhnungsbedürftig, was das Schwabinger Künstlervolk so von sich gab. Denn die Boheme war ein bunter Haufen, wie man aus den Werken von Franziska zu Reventlow oder Oskar Maria Graf herauslesen kann: Seltsame Spintisierer waren darunter, komische Heilige und wilde Revolutionäre. Der Kreis um Stefan George, von der Reventlow mit sicherer Ironie »Weihenstefan« genannt, huldigte einer weltabgewandten Schöngeisterei, während Erich Mühsam und sein Kreis die sozialistische Revolution herbeisehnten, die Künstler des »Blauen Reiter« um Wassily Kandinsky, Gabriele Münter und Franz Marc erfanden eine völlig neue Malerei. Währenddessen erlebte der Jugendstil seine Münchner Blütezeit, und der bürgerliche Schriftsteller Thomas Mann schrieb in der Junggesellenbude an der Feilitzschstraße 32 im dritten Stock an den »Buddenbrooks«, für die er 1929 den Nobelpreis für Literatur bekommen sollte. Durch den kommerziellen Erfolg des Romans konnte er es sich leisten, 1903 mit seiner frisch vermählten Frau Katia in die Franz-Joseph-Straße 2 umzuziehen, wo sie bis 1910 lebten und wo auch die Kinder Erika, Klaus, Golo und Monika auf die Welt kamen.

Literaten und ein »Walking Man«

Die wenigsten der in Schwabing lebenden Literaten hatten solche Erfolge vorzuweisen, auch wenn die Namensliste heute eindrucksvoll klingt. Viele von ihnen fanden ihr Auskommen, indem sie für die satirische **Zeitschrift** »**Simplicissimus**« des reichen Verlegers Albert Langen arbeiteten – auch Grafiker wie der berühmte Thomas Theodor Heine, der das Wahrzeichen, den bissigen roten Hund, für die Zeitschrift erfand. Langen hatte seinen Verlag ursprünglich in Paris gegründet, war dann aber nach München gezogen und ließ sich in der Kaulbachstraße 91 nieder. Das Haus ist noch erhalten, hier befand sich auch die Redaktion des »Simplicissimus«.

An der nächsten Kreuzung biegen Sie links in die **Martiusstraße** ein. Hier stehen auf den Hausnummern 1–7 lauter bildschöne Jugendstilhäuser. Man kann sich gut vorstellen, wie es damals im Schwabing rund um die Leopoldstraße ausgesehen haben mag.

An der **Leopoldstraße** sehen Sie links die riesige weiße Figur des »**Walking**

Tödliche Rückkehr

Am Habsburgerplatz 2 lebte Alexander Schmorell, Mitglied der Widerstandsgruppe »Weiße Rose«. Ihm gelang zwar im Februar 1943 die Flucht vor der Gestapo. Als er 14 Tage später jedoch zurückkehrte, um persönliche Dinge zu regeln, wurde er erkannt und denunziert. Im Gefängnis Stadelheim ließen ihn die Nazis hinrichten.

Man«, eine Arbeit des amerikanischen Bildhauers Jonathan Borofsky, den die Münchner Rückversicherung 1995 hier aufgestellt hat. Sie überqueren nun die Leopoldstraße und sehen in der **Franz-Joseph-Straße** auf der linken Seite wiederum einige schöne Jugendstilhäuser. Sie folgen der Franz-Joseph-Straße und gelangen zum **Habsburgerplatz**, in den Sie rechts einbiegen.

An der Ainmillerstraße angekommen, sehen Sie das Eckhaus Habsburgerplatz 6, hier lebte von 1899 bis zu seinem Tod 1918 der Dramatiker und Erzähler Eduard Graf von Keyserling. Links in der **Ainmillerstraße** wohnten drei Größen der Kunstgeschichte fast Haus an Haus: Wassily Kandinsky mit seiner Lebensgefährtin Gabriele Münter auf Nummer 36 zwischen 1908 und 1914, Paul Klee auf Nummer 32 zwischen 1906 und 1921. Beide Häuser sind heute nicht mehr erhalten. Dazwischen, auf Nummer 34, wohnte in den Jahren 1918/19 Rainer Maria Rilke im vierten Stock, an ihn erinnert heute eine Gedenktafel.

Künstler und Krawalle

Sie wenden sich nun am Habsburgerplatz nach links und gehen die Ainmillerstraße zurück. Auf Nummer 22 finden Sie eine wunderschöne Jugendstilfassade, das **Adam-und-Eva-Haus**. An der Leopoldstraße angekommen, gehen Sie in Richtung Norden. Kurz nach der Hohenzollernstraße treffen Sie auf eine Tengelmann-Filiale. Hier stand einst das Café Noris, ein weiterer wichtiger Treffpunkt der Boheme, hier diskutierte Lenin mit Leo Trotzki und anderen russischen Emigranten oder schrieb an seiner programmatischen Propagandaschrift »Was tun?«. Auch die verruchte Gräfin Reventlow wohnte 1910 über dem Café, woran heute noch eine Gedenktafel erinnert.

Zwei Häuser weiter befindet sich ein weiteres sehr lebendiges Relikt aus jener Zeit: die 1903 gegründete **Buchhandlung Lehmkuhl** auf Nummer 45, die schon damals mehr als ein Buchladen war. Rilke, Wolfskehl, Ricarda Huch und andere Schriftsteller kamen hierher, nicht nur um Bücher zu kaufen oder zu sehen, wie ihre Werke platziert waren, sondern auch um sich auszutauschen. Lesungen finden hier damals wie heute statt.

An der Münchner Freiheit überqueren Sie den Platz und gelangen in die Feilitzschstraße, heute eine reine Ausgehzone. Am **Wedekindplatz** 5, dem Herzen des Schwabinger Vergnügungsviertels, begannen 1962 die berühmten **Schwabinger Krawalle**, weil die Polizei drei Studenten das nächtliche Gitarrenspiel verbieten wollte. Die damaligen Ereignisse gelten heute als erste Vorboten der 1968er-Revolte.

Sie folgen nun der Feilitzschstraße, bis sie in die **Keferstraße** übergeht. Auf Nummer 10 lebte von 1906–1919 der norwegische Zeichner und »Simplicissimus«-Karikaturist Olaf Gulbransson. Sein »Kefernest« musste 1982 einem Neubau weichen, und sein Atelier in einem nahen, ehemaligen Wasserturm ist heute Bestandteil des **Gästehauses am Englischen Garten**. Noch heute kann man sich in diesem grünen Winkel am

In der Gaststätte Alter Simpl (▶ S. 67) in der Türkenstraße redeten sich schon Größen wie Ringelnatz, Wedekind oder Oskar Maria Graf die Köpfe heiß.

Weil die Polizei ein paar Studenten das Gitarrespielen verbieten wollte, kam es zu den Schwabinger Krawallen (▶ S. 73) im Jahr 1962.

Rande des Englischen Gartens gut vorstellen, warum Künstler wie Gulbransson hier gerne wohnten.

Großes Kabarett der Nachkriegszeit

Über die Liebergesell- und Biedersteiner Straße gehen Sie zurück und biegen in die Haimhauser Straße ein. An der Einmündung der Ursulastraße befindet sich die **Münchner Lach- und Schießgesellschaft**, wohl eines der bekanntesten und wichtigsten Kabaretts der Nachkriegszeit. Hier spielten viele Jahre lang Kabarettgrößen wie Dieter Hildebrandt, Klaus Havenstein und Ursula Herking, noch heute hat es ein eigenes Hausensemble. Ein paar Häuser weiter befindet sich ein weiteres Relikt aus großer Schwabinger Kellertheater-Zeit, das **Theater am Sozialamt**, kurz: TamS, das unter seiner Prinzipalin Anette Spola nun schon seit mehr als 40 Jahren literarisches Theater mit Anspruch macht.

Nach weiteren 200 m sind Sie an der **Münchner Freiheit** angelangt, dem Endpunkt unseres Spaziergangs. Benannt ist der Platz nach der »Freiheitsaktion Bayern«, die kurz vor Ende des Zweiten Weltkriegs versuchte, die Nazi-Herrschaft über den Freistaat zu beenden. Vor allem nördlich der Haimhauser Straße finden Sie einige Straßencafés, in denen sich gut entspannen lässt. Und von hier aus haben Sie noch einmal einen guten Blick auf ein Juwel des Jugendstils: das Anwesen Leopoldstraße 77 auf der anderen Straßenseite. Es ist das Wohnhaus, das der Architekt Martin Dülfer für sich selbst gebaut hat. Dort wohnte nicht nur er, sondern zwischen 1908 und 1917 auch der Schriftsteller Waldemar Bonsels, der durch seine »Biene Maja« weltbekannt wurde.

ESSEN & TRINKEN

Alter Simpl ▸ S. 144, B 8

Früher ein typisches, wenn nicht das Schwabinger Künstlerlokal schlechthin, heute eher eine Studentenkneipe, in der auch viele Touristen einkehren. Türkenstr. 57 • Tel. 0 89/2 72 30 83 • www.eggerlokale.de • Mo–Fr 11–3, Sa/So 11–4 Uhr • €€

Café Ringelnatz ▸ S. 145, D 7

Ein klassisches Kaffeehaus im Altschwabinger Stil. Die Kuchen werden übrigens u. a. von Konstantin Weckers Frau Annik gebacken. Haimhauser Str. 8 • Tel. 0 89/33 06 63 79 • www.ringelnatz.com • So–Do 9–24, Fr, Sa 9–3 Uhr • €€

Gasthaus Weinbauer ▸ S. 145, D 7

Eine der letzten altbayerischen Wirtschaften in Schwabing, Treffpunkt für Künstler, Schauspieler und Literaten. Fendstr. 5 • Tel. 0 89/38 88 71 02 • www.weinbauer-muenchen.de • Mo–Fr 11.30–24, Sa 17–24 Uhr • €

Vereinsheim ▸ S. 145, D 7

Gemütliche Kneipe mit Lesebühne, Kabarett und Musik: ein Rest Alt-Schwabing im modernen Gewand an dem Ort, wo einst die »Schwabinger Gisela« ihre Chansons sang. Occamstr. 8 • Tel. 0 89/33 08 86 55 • www.vereinsheim.net • tgl.18–1 Uhr • €

EINKAUFEN

Buchhandlung Lehmkuhl ▸ S. 145, D 7

Die »Kuhle«, wie sie liebevoll genannt wird, ist auch ein Treffpunkt von Autoren und veranstaltet viele Lesungen. Leopoldstr. 45 • www.lehmkuhl.net • Mo–Fr 9.30–20, Sa 9.30–18 Uhr

AM ABEND

Lach- und Schießgesellschaft ▸ S. 145, D 7

Die traditionsreiche Kabarettbühne hat ein eigenes Ensemble und zeigt vor allem Gastspiele von deutschsprachigen Kabarettisten. Ursulastr. 9 • Tel. 0 89/39 19 97 • www.lachundschiess.de • Eintritt 18–20 €

Theater am Sozialamt ▸ S. 145, D 7

Das »TamS«, wie sich das Theater am Sozialamt kurz nennt, ist eines der letzten Münchner Privattheater, das immer noch eigene Inszenierungen voll schrägen Humors auf die Bühnenbretter stemmt. Haimhauserstr. 13 a • Tel. 0 89/34 58 90 • www.tamstheater.de • Eintritt 20 €, erm. 14 €

Grünes Paradies im Herzen der Stadt

Er ist zweifellos ein Stadtpark der Superlative: Mit seinen 375 ha Grünfläche ist der Englische Garten größer als der New Yorker Central Park, der Pariser Bois de Boulogne und der Londoner Hyde Park. Ende des 18. Jh. als klassischer Landschaftspark im englischen Stil angelegt, vermittelt die grüne Lunge das typische Münchner Lebensgefühl: eine angenehme Mischung aus Müßiggang und Unterhaltung, aus der Lust am schönen Schein und bodenständiger Gaudi bei Brotzeit und Bier.

◄ Vom Tempelchen Monopteros (► S. 81) bietet sich ein traumhafter Blick auf die Silhouette der Stadt.

START U-Bahn: Universität
ENDE U-Bahn: Nordfriedhof
DAUER 3 Stunden

Vom U-Bahnhof Universität gelangen Sie in wenigen Minuten zu einer der beliebtesten Ecken des **Englischen Gartens**, und zwar über die Veterinärstraße. Deren Name und die angrenzende Tierärztliche Fakultät der Uni an der Königinstraße verweisen bereits auf die Entstehungsgeschichte des großen Landschaftsparks, den Sie gleich betreten werden. Denn die Anlage des Englischen Gartens wurde Anfang 1789 vom damaligen bayerischen Kurfürsten Karl Theodor als »Tierarznei- und Militärgarten« in Auftrag gegeben. Das sollte in erster Linie dazu dienen, die Soldaten der bayerischen Armee zu beschäftigen, die in jenen Tagen durch das Exerzieren offenbar nicht ausgelastet waren und vor allem durch Saufgelage und wüste Schlägereien auffielen. Bei der Arbeit in der Land- und Forstwirtschaft, befand der Kurfürst, wären sie wenigstens beschäftigt. Zugleich aber wollte Karl Theodor einen Volkspark anlegen: Die Vorboten der Französischen Revolution ließen es sinnvoll erscheinen, der breiten Masse etwas zu bieten. Und so beauftragte der Kurfürst seinen Kriegs- und Innenminister Sir Benjamin Thompson (1753–1814) – einen aus Amerika stammenden, hoch gebildeten Glücksritter, der 1792 zum Reichsgrafen von Rumford ernannt wurde –, den Englischen Garten anzulegen. Der wiederum holte den Schwetzinger Hofgärtner Friedrich Ludwig Sckell (1750–1823) nach München und übertrug ihm die Detailplanung.

Verschwiegene Pfade

Sckell entwarf einen Landschaftspark nach englischem Vorbild, den wir an der Einmündung der Veterinär- in die Königinstraße betreten. Dort führt ein breiter Weg direkt hinein in das ehemalige Herzstück des Theodor-Parks, wie er zur Zeit seiner Eröffnung 1792 meistens noch hieß, obwohl auch der Name »Englischer Garten« durchaus schon gebräuchlich war. Am Eingang steht das **MilchHäusl**, in früheren Zeiten ein einfacher Kiosk, an dem sich gerne mal Obdachlose und verkrachte Existenzen zum gemeinsamen Bierkonsum trafen – heute ist es ein besserer Bio-Imbiss mit kleinem angeschlossenen Biergarten. Links davon führt der Fußweg zu einer Brücke, die über den ersten der vielen Bäche führt, die den Englischen Garten in Nord-Süd-Richtung durchfließen und noch von seinem einstigen Dasein als Sumpflandschaft künden. Erfahrene Münchner wählen den Weg über die Brücke schon deshalb, weil er der kürzeste ist zum Biergarten am Chinesischen Turm. Sie aber biegen kurz vor dem MilchHäusl rechts ab in Richtung Süden. Militärgartenweg heißt diese Passage offiziell, aber das weiß heute kaum noch jemand. Hier nähert man sich eher behutsam dem Phänomen »Englischer Garten« an; Liebespaare, die ungestört sein wollen, bevorzugen diesen Abschnitt, denn die Wege und Liegewiesen sind hier schon deshalb weniger frequentiert, weil auf dem Areal linker Hand öfters

Reiter hoch zu Ross unterwegs sind – hier befinden sich einige hundert Meter der insgesamt 12 km Reitpfade, die es im Englischen Garten auch gibt. Nach knapp 400 m wenden Sie sich nach links. Dort finden Sie auf einer kleinen Insel ein **japanisches Teehaus**, ganz in der Tradition der englischen »Follies« – kleiner, exotischer Parkpavillons. Das Teehaus allerdings stammt nicht aus der Gründungszeit des Englischen Gartens: Es wurde erst 1972 errichtet und ist ein Geschenk der Münchner Schwesterstadt Sapporo. Anlässlich der Olympischen Spiele – München richtete damals die Sommer-, Sapporo die Winterspiele aus – wurde der kleine Pavillon hier aufgebaut, und nach wie vor kann man von April bis Oktober alle 14 Tage einer richtigen japanischen Teezeremonie beiwohnen.

> **Münchner Höflichkeit**
>
> Johanna von Schopenhauer berichtet 1803 über einen Besuch des Englischen Gartens: »Mir gefiel ein Anschlagzettel am Eingang, in welchem der Fürst die Spaziergänger bittet, einander nicht durch ewiges Grüßen beschwerlich zu fallen.«

Surfen auf Bayerisch

Hinter dem Teepavillon gehen Sie am Haus der Kunst vorbei und kommen dabei zur **Brücke über dem Eisbach**. Hier können Sie im Sommer schon die ersten »Eisbach-Surfer« sehen: Dort, wo der Bach aus seinem unterirdischen Verlauf mit ziemlicher Gewalt ans Tageslicht strömt, befestigen wagemutige Jugendliche Surfbretter mit Seilen an Bäumen und versuchen so, möglichst lange gegen die Stromwellen zu reiten. Ganz ungefährlich ist der Spaß nicht, denn der Eisbach mit seiner reißenden Strömung wird gerne unterschätzt. So kommt es hier auch alle Jahre wieder zu Todesfällen. Deshalb ist das Schwimmen im Eisbach eigentlich verboten, aber an warmen Sommertagen hält sich jedoch kein Mensch daran.

Rechts von der Brücke können Sie nach einer kurzen Kaffeepause am Kiosk »Fräulein Grüneis« einen kurzen Abstecher zum **Rumford-Denkmal** machen, das an dem rechts abzweigenden Spazierweg steht, um die hundert Meter von der Abzweigung entfernt. Es wurde noch zu Lebzeiten Rumfords, 1795, nach Entwürfen des Bildhauers Franz Schwanthaler errichtet und zeigt auf der einen Seite ein Alabasterrelief von Rumford, auf der anderen Seite eine Darstellung der Bavaria, geführt von der römischen Göttin Abundantia, der Gottheit des Wohlstands und des Überflusses, die mit ihrer Linken ein Füllhorn umfasst.

Oase für Sonnenanbeter

Kehren Sie nun zurück zur Abzweigung und setzen Sie Ihren Spaziergang weiter in Richtung Norden fort. Auf den Wiesen links und rechts vom Weg, dem sogenannten **Hirschanger**, sehen Sie schon jede Menge Sonnenhungriger, sobald die Temperatur entsprechend angestiegen sind. Hier trifft sich ein vorwiegend jugendliches Publikum, die Sonnenbrillendichte ist eindeutig höher als in anderen Teilen des Parks. Junge Männer tragen fitnessstudiogestählte Waschbrettbäuche spazieren, und braungebrannte Blondinen arbeiten daran, die im

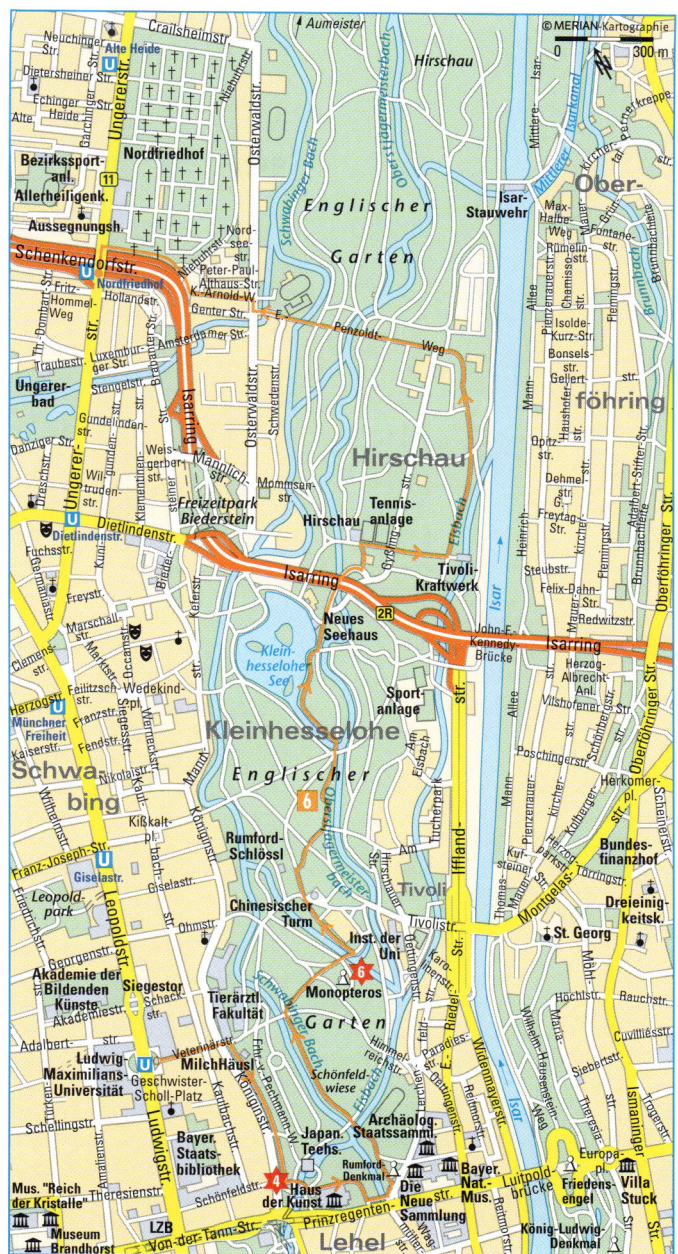

Unter den Blicken begeisterter Zuschauer vollführt mancher Surfer am Eisbach (▶ S. 78) im Englischen Garten akrobatische Kunststücke.

Kurzurlaub gewonnene knackige Bräune weiter zu kultivieren.

Folgen Sie nun dem Weg in Richtung Norden. Sollten Sie bisher den Eindruck gewonnen haben, beim Englischen Garten handle es sich um eine weitgehend naturbelassene Parklandschaft, so stoßen Sie nun auf eines der ersten Zeugnisse des klaren Gestaltungswillens von Friedrich Ludwig Sckell. Hier nämlich, an der nächsten Brücke, die wieder zur Teehausinsel führt, ließ er einen künstlichen **Wasserfall** anlegen mit Steineinfassungen, ganz bewusst gesetzten Felsbrocken, romantisch überhängenden Bäumen und ausgefeilter Strömungstechnik, die den Wasserfall ganz besonders schön sprudeln ließ. Um diesen Effekt noch zu unterstreichen, gab es früher zusätzlich eine hydraulische Maschine, sie wurde aber leider im Zweiten Weltkrieg zerstört.

Gehen Sie nun von der Brücke wieder ein paar Schritte zurück und folgen Sie dem Schwabinger Bach, der von vielen fälschlicherweise für den Eisbach gehalten wird, in Richtung Norden. Links und rechts des Baches gibt es die größten Wiesen im südlichen Teil des Parks, und sie werden von den Münchnern, vor allem auch den Studenten der nahe liegenden Universität, besonders gerne zum Sonnenbaden genutzt. In den frühen 1980er-Jahren taten sie das vermehrt völlig textilfrei, was zu heftigen Diskussionen, vor allem natürlich in den Medien, führte. Die »Nackerten« galten beim konservativen Teil der Bevölkerung als großes Ärgernis, zeitweise wurden Polizisten mit Hundestreifen auf sie angesetzt. Heute regt sich kein Mensch mehr darüber auf. Freikörperkultur ist im Englischen Garten längst toleriert, auch wenn nicht jedes ihr anhängen-

Spaziergänger, Radfahrer, Jogger, Sonnenanbeter – sie alle wissen die grünen Pfade des Englischen Gartens (▸ S. 77) zu schätzen.

de Individuum einen rundum schönen Anblick bietet.

Lusttempel Monopteros

Die Abfolge von großen Freiflächen und hainartigen Baumensembles gehört zu Sckells Konzept und wurde über die Jahrhunderte hinweg nie in Frage gestellt. Am oberen Ende der Wiese, wo Sie jetzt zu einer kleinen Weggabelung mit vier Abzweigungen kommen, lässt sich das besonders schön beobachten. Sie wenden sich jetzt nach Osten – dorthin, wo Sie auf einer Anhöhe einen Rundtempel sehen, den berühmten **Monopteros** 🔶, ein klassisches Münchner Wahrzeichen. Ludwig I. ließ ihn 1836 von Leo von Klenze erbauen; der legte dafür extra einen künstlichen Hügel mit dem Aushub des Kleinhesseloher Sees an und platzierte den 16 m hohen Rundtempel nach ionischem Vorbild auf ei-

nem 15 m hohen Ziegelfundament. Der Ausblick vom Tempel auf Park und Stadtsilhouette ist überwältigend, insbesondere bei Sonnenuntergang, und macht den Monopteroshügel zu einem der schönsten Flecke der Stadt. In den 1970er-Jahren war er übrigens als »Kifferwiese« bekannt; diese Zeiten sind freilich lange vorbei, ständige Polizeikontrollen haben die Kleindealer und Herumhänger längst vertrieben.

Gaudi unterm China-Turm

Links vom Monopteros führt der Weg zur Carl-Theodor-Brücke und wiederum links am ehemaligen Schwaige- und Ökonomiegebäude vorbei direkt zum **Chinesischen Turm**, von den Münchnern »China-Turm« oder noch kürzer »C-Turm« genannt. Die schon 1790 errichtete Holzpagode gehörte zu einem ganzen Ensemble über den Park verteil-

ter exotischer Kleinbauten, die allerdings bis auf den Turm nicht mehr stehen. 1944 brannte auch der Chinesische Turm nach einem Bombentreffer nieder, er wurde 1952 originalgetreu wiederaufgebaut. Seinen Bekanntheitsgrad verdankt er allerdings nicht der Münchner Liebe zu historischen Bauten, sondern der Tatsache, dass rund um ihn ein großer Biergarten mit Restaurant angelegt wurde. Der ist einer der beliebtesten Ziele im Englischen Garten, zu bestimmten Zeiten spielt eine Blasmusik auf der Empore des Turms, Kutschfahrten durch den Park enden und beginnen hier, und für die Kinder gibt es eine besondere Attraktion: ein **historisches Kinderkarussell** aus dem Jahr 1913, noch vollständig erhalten und das älteste Karussell seiner Art in ganz Bayern. Zur Musik einer alten Walzenorgel können die Kinder unter anderem zwischen Flamingo, Steinbock, Giraffe, Lama und Kamel wählen – allesamt kleine, geschnitzte Kunststücke des Münchner Bildhauers Josef Erlacher (1871–1937). Ein paar Schritte weiter nördlich gelangt man zum ehemaligen **Rumford-Schlössl**, das 1791 als Offizierskasino im klassizistischen englischen Kolonialstil gebaut wurde. Hier gab es einen großen Speisesaal für 150 Offiziere des bayerischen Heeres. Heute befindet sich darin ein Jugendfreizeitheim.
Kurz vor dem Rumford-Schlössl biegt rechts ein kleiner Weg ab, über den Sie an den Oberstjägermeister-

> **Tanz im Morgengrauen**
> Der China-Turm war früher ein beliebter Treffpunkt der Dienstboten der besseren Kreise aus der Maxvorstadt und Bogenhausen. Vor Dienstantritt traf man sich dort zum frühmorgendlichen Tanz. An diese Tradition erinnert der »Kocherlball«, der jedes Jahr am dritten Sonntag im Juli ab 6 Uhr morgens stattfindet.

bach gelangen und in jenen Teil des Englischen Gartens, der zwischen 1800 und 1812 von Reinhard Freiherr von Werneck angelegt wurde. Ihn beherrscht der **Kleinhesseloher See**, den Sie nach etwa 500 m erreichen. Er ist ein künstlicher See, drei kleinere Inseln – die südliche Prinzregenten-, die westliche Kurfürsten- und die Königsinsel in der Mitte – sollen den Eindruck von Natürlichkeit vermitteln. Auf dem Kleinhesseloher See kann man Bootfahren oder auch einfach nur die Schwäne füttern, zum Baden ist er nicht geeignet. Wenn der See im Winter zufriert, ist er auch ein beliebter Treffpunkt für Eisläufer. Ein schöner Spazierweg führt übrigens entlang des südöstlichen Seeufers, vorbei an den Denkmälern für Sckell und Werneck, letzteres 1838 von Leo von Klenze entworfen.

Ausflugsziel für Promis und andere Münchner

Hier ist man dann auch schon am **Seehaus**, angekommen, einem schönen Biergarten am Seeufer, den es hier bereits seit 1791 gibt. Damals war er als Ausflugsziel für Arbeiter, Spaziergänger und Soldaten gedacht, heute trifft man auffallend viel Prominenz und oft auch betuchtere Klientel. Das Restaurant Seehaus selbst geht zurück auf das Jahr 1883, als das erste schlösschenartige Gebäude vom damals bekanntesten Münchner Architekten Gabriel von Seidl errichtet wurde. Das originale Gebäude gibt es nicht mehr, das heutige

Seehaus wurde 1985 gebaut und eröffnet. Hier oben, nördlich des Kleinhesseloher Sees, endet der Teil des Englischen Gartens, der den Vorstellungen von Sckell, was gestaltete Natur angeht, am ehesten entspricht. Insofern ist die Zäsur, die der mehrspurige Mittlere Ring, der seit 1963 brutal den Park durchschneidet, in sich stimmig – schöner wird sie dadurch nicht. Über die Fußgängerbrücke am Seehaus überqueren Sie nun den Mittleren Ring und kommen im nördlichen Teil des Englischen Gartens an, der noch sehr naturbelassen wirkt und nach wie vor stark bewaldet ist.

Königliches Jagdrevier

Hier beginnt der beschaulichere Teil des Parks, den selbst viele Münchner nicht kennen. Und während im Südteil das Sehen-und-Gesehen-werden durchaus wichtig ist, vornehmere Damen ihre Rassehunde ausführen und jugendliche Beaus an einer zeitgemäßen Variante des Münchner Stenz' arbeiten, sind im Nordteil eher die Spaziergänger und Wanderer zu Hause, die ihre Ruhe suchen.

Der Weg wendet sich nun in einer leichten Schlaufe Richtung Osten, und nach wenigen hundert Metern erreichen Sie bereits die Gaststätte **Hirschau**. Einst war hier ein Jagdrevier der bayerischen Fürsten und Könige – daher der Name. Die Wirtschaft aber entstand 1840, um dem Bedürfnis der Arbeiter in den nahe gelegenen Maffei-Werken nach Brotzeit und Bier entgegenzukommen. Heute ist die Hirschau ein beliebtes Ausflugslokal mit großem Biergarten, bodenständiger Küche und angrenzenden Tennisplätzen.

Kraftwerk im Park

An der Hirschau vorbei in Richtung Osten gehend, gelangen Sie nach der

Münchner Lebensart zeigt sich von ihrer schönsten Seite an warmen Sommertagen im Biergarten, z. B. am Seehaus (▸ S. 82) am Kleinhesseloher See.

Überquerung der Gyßlingstraße, die als einzige im Englischen Garten für den Fahrzeugverkehr freigegeben ist, zum **Tivoli-Kraftwerk**. Es ist als einziges Bauwerk übrig geblieben von den Maffei-Werken, die einst hier standen, und heute noch in Betrieb. Joseph Ritter von Maffei, ein Münchner Patrizier, kaufte dort am Isarufer 1837 ein großes Grundstück, um ein Walz- und Hammerwerk zu errichten. Das Unternehmen wuchs rasant, mithilfe englischer Ingenieure fing Maffei dann an, Lokomotiven zu bauen.

Das lag nahe, schließlich war Maffei auch an der Eisenbahngesellschaft beteiligt, die die erste Strecke von München nach Augsburg finanzierte. Die erste Lokomotive wurde 1841 ausgeliefert, und 1847 hatte die Firma bereits 500 Beschäftigte. Das über den Eisbach gebaute Tivoli-Kraftwerk lieferte ab 1895 Strom für die Maschinen der Fabrik und ist ein kombiniertes Wasser-Dampf-Kraftwerk, damals eine technische Neuheit. 1931 fusionierten die Maffei-Werke mit den Krauss-Werken und zogen nach München-Allach um, wo mehr Platz war für das Unternehmen, das stark von der Aufrüstung profitierte. Das **Maffei-Gelände** östlich der Gyßlingstraße wurde erst 1952 planiert und mit 10 000 cbm Schlamm aus den Bächen und dem Kleinhesseloher See wieder für die Bepflanzung vorbereitet. Heute deutet außer dem Tivoli-Kraftwerk nichts mehr darauf hin, dass hier einmal eine Maschinenfabrik mit meh-

> **Schöner Münchner**
>
> Die erste Lokomotive aus Münchner Produktion wurde 1841 von Ludwig I. auf den Namen »Der Münchner« getauft. In den 90 Jahren bis zum Umzug 1931 wurden von den Maffei-Werken am Englischen Garten mehr als 5000 Lokomotiven gebaut und in alle Welt verkauft.

reren Tausenden Arbeitern stand. Vom Kraftwerk aus halten Sie sich auf dem kleinen Weg in Richtung Norden, der schließlich in einem leichten Bogen nach links bei der Gyßlingstraße in den Ernst-Penzoldt-Weg mündet. Dieser einzige schnurgerade Weg im Englischen Garten verläuft genau auf der ehemaligen Gleisstraße, die früher zum Maffei-Werk führte. Ihm folgen Sie, wobei Sie am »Mini-Hofbräuhaus« vorbeikommen, eigentlich nur ein größerer Kiosk mit Biergarten, der auch eine beliebte Einkehr für Schwabinger Hundebesitzer während des Gassi-Gehens ist.

Über den Ernst-Penzoldt-Weg, die Schwedenstraße und den Karl-Arnold-Weg gelangen Sie zum südlichen Ende des Nordfriedhofs. Wenn Sie dort an der Friedhofsmauer entlanggehen und sich dann nach rechts wenden, gelangen Sie direkt zur U-Bahnstation **Nordfriedhof**. Der Friedhof selbst lohnt aber auch einen kurzen Aufenthalt. Angelegt wurde er bereits 1884. Nach den Plänen des damaligen Stadtbaurats Hans Grässel entstanden dann 1899 die Aussegnungshalle, die Leichenhalle und die Mauereinfriedung. Die Aussegnungshalle spielt übrigens eine Rolle in Thomas Manns berühmter Novelle »Der Tod in Venedig«. Die Hauptfigur Gustav von Aschenbach wird hier von einer Todesahnung heimgesucht und durch einen Fremden vor der Halle zu seiner letzten Reise animiert.

ESSEN & TRINKEN

Café Reitschule ▸ S. 145, D 8

Schickes Szenecafé im Komplex der Universitäts-Reitschule.
Königinstr. 34 • Tel. 0 89/3 88 87 60 • www.cafe-reitschule.de • Mo–Sa 9–1,
So 9–19 Uhr • €€

Restaurant am Chinesischen Turm ▸ S. 145, D 8

Gediegene bayerische Gaststätte mit internationaler Küche und bayerischen Schmankerln.
Englischer Garten 3 • Tel. 0 89/3 83 87 30 • www.chinaturm.de • tgl. 10–23 Uhr • €€

Fräulein Grüneis ▸ S. 149, D 13

Hübscher, kleiner Kiosk mit Imbiss und Bio-Angebot, sehr empfehlenswert sind die hausgemachten Kuchen und die kleinen Gerichte.
Lerchenfeldstr. 1 a • Tel. 0 89/43 59 75 92 • www.fraeulein-grueneis.de •
Mo–Fr 7.30 Uhr bis Einbruch der Dunkelheit, Sa/So ab 10 Uhr • €

Hirschau ▸ S. 145, E 7

Schöner bayerischer Biergarten mit 2500 Plätzen. Im Sommer spielt Mi, Fr und an den Wochenenden abends eine Jazzband.
Gyßlingstr. 15 • Tel. 0 89/3 22 10 80 • www.hirschau-muenchen.de • tgl. 11–23 Uhr, im Jan. geschl., im Feb. nur an den Wochenenden geöffnet • €

MilchHäusl ▸ S. 145, D 8

Kiosk und Bio-Imbiss mit Biergarten, in dem es ökologisch einwandfreie Biere und einfache bayerische Gerichte in Bio-Qualität gibt.
Königinstr. 6 • Tel. 0 89/5 17 29 71 80 • www.milchhaeusl.de • tgl. 10–22 Uhr • €

AKTIVITÄTEN

Japanisches Teehaus ▸ S. 149, D 13

Die Besichtigung ist möglich während der Teezeremonien von April bis einschließlich Okt., jedes zweite und vierte Wochenende im Monat (Sa und So um 15, 16 und 17 Uhr).
Königinstr. 4 • Tel. 0 89/22 43 19 • www.urasenke-muenchen.de

Fahren statt spazieren ▸ S. 145, D 8

Manchmal ist Fahren romantischer als Gehen. Zum Beispiel in einer Kutsche von Münchens einzigem Lohnkutscher Hans Holzmann mit Standplatz am Chinesischen Turm. Oder mit der Rikscha. Hier gibt's feste Touren, die jeweils am Marienplatz beginnen (60 Min. 55 €, 90 Min. 80 €).
Kutschenfahrten unter Tel. 0 89/18 06 08 • www.kutschen-muenchen.de
Rikscha-Touren unter Tel. 0 89/41 61 60 35 • www.muenchen-riksha.de

Arme Leute, Schickis und Bier

Beides waren einmal einfache Arbeitervorstädte und Hochburgen der Münchner Brauereien: Haidhausen und die Au. Wo einst Tagelöhner und kleine Handwerker hausten, siedelten sich schon bald große Brauhäuser und Bierkeller entlang der Isar an. Ende des 19. Jh. entstanden neue Wohnviertel im Stil der Gründerzeit, und heute sind beide Stadtteile zu In-Vierteln geworden. Die Mischung aus typisch münchnerischer Vorstadtvergangenheit und modernem Metropolenleben hat ihren ganz eigenen Reiz.

◄ Im Gasthaus Zum Kloster (► S. 97) im Stadtteil Haidhausen trifft sich ein buntes Völkchen.

START U-/S-Bahn: Ostbahnhof
ENDE U-Bahn: Kolumbusplatz
DAUER 3–4 Stunden

Der **Ostbahnhof**, nach dem Hauptbahnhof die zweite große Drehscheibe des Münchner Bahnverkehrs, hat architektonische Reize gewiss nicht aufzuweisen. Das ursprüngliche Bahnhofsgebäude von Friedrich Bürklein aus dem Jahr 1871 ist nach der Zerstörung im Zweiten Weltkrieg einem funktionalen, aber hässlichen Zweckbau aus den 1980er-Jahre gewichen, und das »Kundencenter« besteht aus dem bahntypischen Mix von Imbissbuden, Zeitschriftenläden, Stehcafés und Handy-Shops. Hier herrscht rund um die Uhr Hochbetrieb, auch weil sich östlich des Bahnhofs ein großes Zentrum des Nachtlebens befindet: In den ehemaligen Pfanni-Werken haben sich mit der »Kultfabrik« und den »Optimolwerken« an der Friedenstraße zahlreiche Discos angesiedelt, die sich »Europas größte Partyzone« nennen. Seit die innovativeren Clubs allerdings in die Innenstadt abgewandert sind, trifft sich hier vorwiegend die Provinz-Jugend zum Abfeiern bei Schlager- und Flatrate-Partys.

Hier gibt es allerdings auch ein Kuriosum der Münchner Museumslandschaft: das **Kartoffelmuseum**, gegründet von Otto Eckart, dem ehemaligen Inhaber der Pfanni-Werke, die hier mal ihren Sitz hatten. Am westlichen Ausgang beginnt der **Orleansplatz**. Wegen des großen Verkehrsaufkommens ist seine ursprüngliche Anlage im französischen Stil nur noch ansatzweise erkennbar. Lange war der Orleansplatz ein bevorzugter Treffpunkt von Junkies und Obdachlosen. Seit er von der Polizei videoüberwacht wird, hat sich das gegeben, beliebter ist er dadurch bei den Haidhausern allerdings nicht geworden: Man fühlt sich eben beobachtet.

Der Orleansplatz ist aber auch das Tor zum Haidhauser »**Franzosenviertel**«, das in der Gründerzeit im letzten Drittel des 19. Jh. entstanden ist. Die horrenden Reparationszahlungen, die Deutschland Frankreich nach dem Krieg von 1870/71 abpresste, führten zu einem Wirtschaftsaufschwung, von dem auch die ehemaligen Arbeitervorstädte Haidhausen und Au, die bereits seit 1854 eingemeindet waren, erheblich profitierten. Westlich des Ostbahnhofs blühte damals die Grundstücksspekulation.

Französisches Flair

Vom Orleansplatz aus biegen Sie südlich in die **Weißenburger Straße** ein, die das ursprüngliche architektonische Konzept noch deutlich erkennen lässt. Hier kann man die Abfolge von schnurgeraden Straßen und verbindenden Plätzen gut erkennen, und auch die typische Struktur des Viertels aus Mietshäusern mit neobarocken Fassaden und kleinen Geschäften und Lokalen. Nach etwa 150 m kommen Sie zum **Pariser Platz**, der tatsächlich entfernt an das Quartier Latin erinnert. Folgt man der Straße weiter, so gelangt man zum **Weißenburger Platz**, heute zum Teil eine Fußgängerzone. Der große Brunnen in der Mitte des Platzes stand übrigens früher im 1931 abgebrannten Glaspalast unweit des Hauptbahnhofs.

Am Weißenburger Platz biegen Sie links in die **Lothringer Straße** ein. Sie ist noch nicht ganz so herausgeputzt wie andere Straßen des Franzosenviertels und vermittelt einen gewissen Eindruck davon, wie Haidhausen gewesen ist, bevor es zum Szene-Viertel wurde. Denn heute täuschen die vielen aufwendig sanierten Fassaden darüber hinweg, dass der Stadtteil einmal eine Arbeitervorstadt gewesen ist. Arbeiter und Handwerker hausten da mit ihren Familien in winzigen Wohnungen und unter erbärmlichen Bedingungen. Wegen der vielen heruntergekommenen Altbauten war das Viertel bis in die 1970er-Jahre hinein ein günstiges Wohnquartier, in dem sich viele Gastarbeiter und die alternative Szene ansiedelten. Erst als Haidhausen 1976 zum städtischen Sanierungsgebiet erklärt wurde, begann sich das zu ändern, und auch die Schickeria entdeckte das Viertel.

Kunst im Hinterhof

Neben kleinen Geschäften, Gaststätten und Kneipen finden Sie in der Lothringer Straße die städtische **Kunsthalle Lothringer 13**, wobei der Begriff »Kunsthalle« etwas hochtrabend klingt – das Gebäude im Hinterhof ist eine ehemalige Fabrik. Sie wurde von der Stadt angemietet, um vor allem junge, noch nicht etablierte Kunst zu zeigen. Das geschieht

> **Schauriger Doppelmord**
> Im Rückgebäude der Lothringer Straße 11 fand im Sommer 1919 ein berühmter Kriminalfall statt, der Bert Brecht noch im selben Jahr zu einer seiner bekanntesten Balladen inspirierte: »Apfelböck oder die Lilie auf dem Felde«. Der 16-jährige Jakob Apfelböck hatte seine Eltern ermordet und danach noch drei Wochen lang mit den Leichen in der Wohnung gelebt.

nach wie vor, inzwischen gibt es in Haidhausen aber auch internationale Künstler zu sehen, die häufig performativ oder auch mit Neuen Medien arbeiten.

An der nächsten Straßenecke biegen Sie links in die Pariser Straße ein und folgen ihr bis zum **Bordeauxplatz**. Er bildet die Hauptachse des Franzosenviertels und besticht durch seine großzügige Anlage und den Brunnen in der Mitte – die Figuren am Beckenrand stellen »jagdbare Tiere« dar – wohl eine Reminiszenz an das ehemalige Haidhauser Sommerschloss der Grafen Preysing. Der südliche Teil des Platzes ist belebter als der nördliche, weshalb Sie hier entlanggehen bis zur Wörthstraße, in die der Platz mündet. Im Haus Wörthstraße 20, das heute ein evangelisches Gemeindezentrum beherbergt, lebte in den Jahren 1902–1903 der Komponist Max Reger (1873–1916), der sich in München mehr musikalische Aufgaben erhoffte als in seiner Heimat Oberpfalz. Er war damals Domorganist der Johanniskirche.

Klöster und Herbergen

Sie folgen nun der Metzstraße. Rechts befindet sich das **Kloster der »Frauen vom Guten Hirten«**, die sich 1840, aus Frankreich kommend, im ehemaligen Adelssitz der Familie Preysing niederließen und ihn zum Kloster mit Mädchenschule umbauten. Heute ist hier ein Zentrum der

Erzdiözese München-Freising mit Gymnasium, Stiftungsfachhochschule und dem erzbischöflichen Jugendamt. Links davon zweigt die Preysingstraße ab, die Sie dann zu einem der letzten Zeugnisse des alten Haidhausens führt. »Grafenwinkel« hieß das Ensemble früher einmal. Die ehemaligen Herbergsanwesen wurden in den 1970er-Jahren originalgetreu und fast zu beschaulich wieder aufgebaut.

Der **Kriechbaumhof** an der Ecke Preysing-/Wolfgangstraße ist eines der ältesten Herbergsanwesen, es entstand schon im 16. Jh. und wurde originalgetreu wieder aufgebaut. Heute ist hier der Deutsche Alpenverein untergebracht, das Haus kann leider nicht besichtigt werden. Etwas jünger sind die sieben Herbergen auf der anderen Seite der Preysingstraße.

Sie stammen im Kern aus dem 18. Jh. und waren immerhin schon gemauert. Auf der Hausnummer 58 befindet sich das **Üblackerhäusl**, ein städtisches Herbergenmuseum, das auch als Ausstellungshaus für Haidhauser Künstler genutzt wird. Hier kann man annähernd nachvollziehen, wie die Tagelöhner und Kleinhäusler bis zum Ende des 19. Jh. gelebt haben – wenn auch zu etwas ungünstigen Öffnungszeiten (Fr, So 10–12, Mi, Do 17–19 Uhr).

Nun folgen Sie der Preysingstraße bis zur Einmündung der Metzgerstraße. Nach wenigen Metern gelangen Sie zum Johannisplatz, einem weiteren Herzstück Haidhausens. Hier steht der »Dom von Haidhausen«, die neugotische Kirche **St. Johann Baptist**, die 1879 geweiht wurde. Sehenswert sind in dem

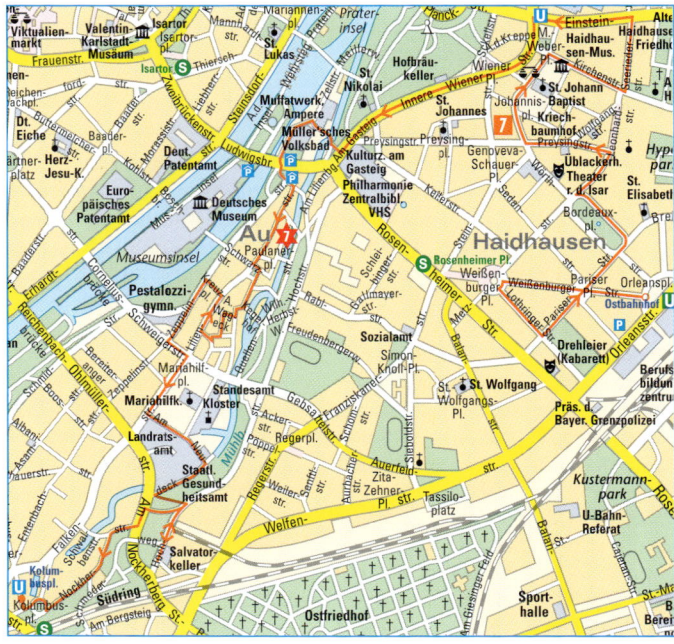

Im städtischen Herbergenmuseum Üblackerhäusl (▶ S. 89) lässt sich das Leben der Tagelöhner im 19. Jh. nachvollziehen.

Kirchenbau, der nach Kriegszerstörungen recht puristisch restauriert wurde, die 21 Glasfenster, der einzige erhaltene Glasgemäldezyklus aus jener Zeit in München.

Am Nordende des Platzes beginnt die Kirchenstraße, eine der ältesten Straßen im Viertel. Das beherrschende Gebäude am Platzende, die **Kirchenschule**, ist ein geschichtsträchtiger Ort: Hier war während der Räterevolution 1919 ein wichtiger Stützpunkt der Roten Garden, die in den Arbeitervorstädten rechts der Isar viele Anhänger hatten, und im Zweiten Weltkrieg waren hier bis zu 1200 russische Zwangsarbeiter interniert.

In der Kirchenstraße finden Sie auf Nummer 24 das **Haidhausen-Museum**. Das kleine Stadtteilmuseum, das vor mehr als 30 Jahren in privater Initiative des Malers Hermann Wilhelm entstanden ist, zeigt wechselnde Ausstellungen zu einzelnen Aspekten der Geschichte Haidhausens, aber auch einige Dauerexponate. Dort ist zum Beispiel auch ein Modell des originalen Kriechbaumhofes zu sehen. Das Museum befindet sich am rechten Ort, denn an der Kreuzung Kirchen-/Seeriederstraße befindet man sich mitten im historischen mittelalterlichen Haidhausen. Einst standen hier nur vier Höfe und die alte Haidhauser Kirche (Kirchenstraße 39), die erstmals 808 urkundlich erwähnt wurde. Der heutige Bau dürfte allerdings aus dem 15. Jh. stammen und wurde seither immer wieder dem Geschmack der unterschiedlichen Epochen angepasst.

Jazz, Bier und buntes Markttreiben

Gehen Sie nun die Seeriederstraße Richtung Norden entlang und biegen an der Einsteinstraße nach links ab. Auf Nummer 42 erreichen Sie

Am Wiener Platz lockt der Hofbräukeller (▶ S. 92) in seinen idyllischen Biergarten, der übrigens bis zu 1750 ess- und trinkfreudigen Gästen Platz bietet.

den eher unscheinbaren Eingang zum **Kulturzentrum »Einstein«**. Ehemalige Bierkeller der früheren Unions-Brauerei wurden zu unterirdischen Veranstaltungsräumen umgebaut. Der unter Jazzfans in ganz Europa bekannte **Jazzclub Unterfahrt** hat hier beispielsweise seine Bleibe gefunden. Im Unionsbräu neben dem Kulturzentrum wird tatsächlich Bier gebraut, naturtrübes Helles und Dunkles, hauptsächlich zum Ausschank in der Wirtschaft selbst – und als Reminiszenz an die ehemalige Unions-Brauerei, die hier ihren Sitz hatte und zuletzt eines der größten Münchner Brauhäuser war, be-

Die Bierkeller

Die üppig bewaldete Landschaft am Isarhochufer ist der Grund, weshalb sich in Haidhausen und der Au so viele Brauereien ansiedelten. In den Hängen ließen sich nämlich leicht unterirdische Lagerräume anlegen, die das ganze Jahr über ausreichend kühl blieben. Um 1860 herum gab es allein im westlichen Teil Haidhausens 64 Bierkeller von 18 Brauereien.

vor sie dann 1922 mit Löwenbräu fusionierte. Am Max-Weber-Platz biegen Sie nach links in die Innere Wiener Straße ein und steuern auf den **Wiener Platz** zu. Hier finden Sie einen Maibaum und einen kleinen Viktualienmarkt. Wenn man so will, hat man hier die ganze Haidhauser Welt im Kleinen: an der Ecke zur Steinstraße das Café Wiener Platz, seit seiner Eröffnung in den 1980er-Jahren geradezu ein Symbol für den Strukturwandel Haidhausens von der Vorstadt zum In-Viertel, in der Mitte des Platzes ein kleiner, fast dörflich wirkender Markt mit Ständen, an denen man längst auch Feinkost für den verwöhnten Gaumen erwerben kann, und am westlichen Ende ein paar hingeduckte Herbergen in der kleinen Stichstraße mit dem Namen **An der Kreppe**. Doch damit nicht genug: Schließlich gibt es direkt am Wiener Platz auch noch den **Hofbräukeller**. Der ist nicht nur der Überrest des ehemaligen staatlichen Brauhauses Hofbräu, das seine Sudhäuser entlang der Innere Wiener Straße fast bis hinunter zum Gasteig hatte und im April 1987 weitgehend abgebrannt ist. Die Brauerei selbst ist zwar längst an den Stadtrand umgezogen, der (vom Brand weitgehend verschonte) Hofbräukeller aber ist geblieben und mit ihm ein wunderschöner Biergarten in Richtung der Isaranlagen.

Folgen Sie jetzt der Inneren Wiener Straße die Anhöhe hinunter. Dies ist ein wahrhaft historischer Weg, denn hier verlief auch die alte Salzstraße, die Heinrich der Löwe nach der Zerstörung der Föhringer Brücke hierhin umgeleitet hatte. Links ragen wenig spektakuläre, moderne Geschäfts- und Wohnbauten auf, die nach dem Brand von 1987 auf dem Gelände des Hofbräus in lukrativer Lage errichtet wurden. Kurz vor dem **Gasteig**, dem großen städtischen Kulturzentrum mit seiner monumentalen Backsteinmasse, sehen Sie rechts die kleine **St.-Nikolai-Kirche**, direkt daneben die **Loreto-Kapelle**. Beide Gebäude sind Überbleibsel des ehemaligen »Leprosenhauses«, einer Anstalt, in der vom 13. Jh. an die Leprakranken der Stadt untergebracht waren. Erst 1863 wurde es abgerissen, die zwei Gotteshäuser sind geblieben. Interessant ist besonders die Loreto-Kapelle, die auch »Altöttinger Kapelle« genannt wird, weil sie mit einem überdachten Umgang nach dem Vorbild der Gnadenkapelle von Altötting versehen ist und eine Kopie des Altöttinger Gnadenbildes besitzt.

Juwel des Jugendstils

Nach dem Gasteig gehen Sie an der Ampel nach rechts den kleinen Fußweg zum **Muffatwerk** hinunter. Das Industriedenkmal, einst ein Wasserkraftwerk, wird heute als Konzert- und Theaterhalle genutzt. An heißen Sommertagen empfiehlt sich der Besuch des Biergartens an der Flussseite, denn dort ist es wegen der Nähe zum Wasser meist kühler als sonst in der Stadt, und neben der üblichen Biergartenkost gibt es diverse Gerichte in Bio-Qualität. Wenige Schritte nach dem Biergarten treffen Sie auf einen kleinen Torbogen, der über ein paar Stufen zu einer erhöhten Passage neben dem Müllerschen Volksbad führt. Von dort hat man einen guten Blick auf die kleinen Isarinseln – sofern an warmen Sommerabenden nicht die (eigentlich verbotenen) Grillfeuer die Sicht einnebeln. Das **Müllersche Volksbad**, zu dem der Weg am Hochbankett gehört, ist ein Juwel des Jugendstils und des Historismus; ein reicher Gönner ließ es 1901 vom Architek-

---

Bayerische Seidenraupen

Am Hochufer der Isar wurden im 17. Jh. Maulbeerbäume gepflanzt, um Seidenraupen zu züchten. Kurfürst Ferdinand Maria wollte sich dadurch teure Importe von Seidenstoffen aus Paris und Florenz ersparen. Die Unternehmung schlug allerdings fehl, den Raupen behagte das Klima nicht.

ten Carl Hocheder für das gemeine Volk erbauen. Der Badepalast mit seinen Faunen, Palmen und anderem Jugendstildekor wurde zum Vorbild für zahlreiche andere Badehäuser in ganz Europa.

Die Vorstadt Au

Bevor Sie nun Ihren Spaziergang in die Vorstadt Au fortsetzen (am besten den Durchgang unter der Ludwigsbrücke benützen, das ist der kürzeste Weg), sollten Sie von der Straße aus noch einen Blick auf die Gasteig-Höhe werfen. Hier befanden sich einstmals riesige Bierhallen, die jeweils bis zu 11 000 Menschen Platz boten – hinter dem Gasteig etwa der berühmte **Bürgerbräukeller**, in dem die Nationalsozialisten 1923 den Hitler-Putsch ausriefen und 16 Jahre später der Schreiner **Georg Elser** sein fehlgeschlagenes Attentat auf Hitler verübte. Rechts davon, wo sich heute das hässliche Motorama-Gebäude erhebt, stand der Münchner-Kindl-Keller, in dem sich vorwiegend Sozialdemokraten und Kommunisten trafen. Beide großen Bierhallen wurden im Zweiten Weltkrieg zerbombt. An der Ecke Zeppelin-/Lilienstraße befinden sich die **Museums-Lichtspiele**, die noch vor dem Ersten Weltkrieg als erstes Kino im Osten der Stadt eröffnet wurden und heute noch als Programmkino überleben. Zuvor stand an dieser Stelle das Neue Volkstheater in der Vorstadt Au, eine private Bühne der Theaterfamilie um Franz Maria Schweiger, die höchst erfolgreich volkstümliche Unterhaltung für die breite Masse bot. Die **Lilienstraße**, die hier beginnt, war die Hauptstraße des einstigen Dorfes Au und wurde entsprechend herausgeputzt, was man heute noch sehen kann, denn allein 26 Häuser stehen im vorderen Ab-

An die Zeit der Herbergen in Haidhausen erinnern noch einige Häuser in der kleinen Straße mit dem Namen An der Kreppe (▶ S. 92).

Ein Bild der Verwüstung: der Münchner Bürgerbräukeller (▶ S. 93) nach dem misslungenen Anschlag auf Adolf Hitler durch den Tischler Georg Elser am 8. November 1939.

schnitt der Lilienstraße in der Denkmalschutzliste. Das Ensemble Lilienstraße 1–13 etwa stammt aus dem späten 18. Jh., die Häuser 2–8 mit ihren neobarocken Fassaden aus dem späten 19. Jh. Ebenfalls gut erhalten sind die Anwesen 10–14.

Etwas weiter südlich stand zum Hang hin einst die große Wagner-Brauerei, die sich auf dem Areal des Armen- und Arbeitshauses niederließ, das der spätere Graf Rumford 1789 hier hatte errichten lassen. Vom früheren Wagner-Bräu, dem 1901 eröffneten Bierausschank der Brauerei, kündet heute das **Wirtshaus in der Au** am Paulanerplatz.

Nördlich des Paulanerplatzes verläuft der **Auer Mühlbach**, eigentlich ein natürlicher Nebenlauf der Isar, der aber schon bald kanalisiert und nutzbar gemacht wurde – Weber, Müller, Färber und andere Handwerker nutzten die Wasserkraft zum Antrieb ihrer Mühlen und Maschinen. Vom vorindustriellen Gewerbeviertel ist heute wenig erhalten, aber einen vagen Eindruck davon gewinnen Sie, wenn Sie von der Lilienstraße in die Franz-Prüller-Straße einbiegen. Auf der **Kegelhofinsel** stand schon zu Zeiten von Kaiser Ludwig dem Bayern eine Papiermühle, eine der ersten in Deutschland überhaupt, und bis 1928 hatte die München-Dachauer Papierfabrik hier ihren Sitz. Heute wird das Gebäude als Jugendtreff genutzt. Vor etwa 300 Jahren breitete sich das Gewerbeviertel dann rund um die Franz-Prüller-Straße 15 aus. Die kleinen Handwerkerhäuser wurden in den letzten Jahrzehnten zum Teil aufwendig renoviert, in den Gassen Am Herrgotteck, Sammtstraße und Am Wageck kann man die ursprüngliche Struktur noch erkennen. Sehenswert ist das Anwesen **Sammtstraße 3**.

Das Wirtshaus in der Au (▶ S. 94) wird wegen seiner gemütlichen Atmosphäre und seiner bodenständigen Küche geschätzt.

Hier richtete der Auer Fassbindersohn und Theologe Johann Michael Pöppel mithilfe privater Spender 1750 ein Waisenhaus ein. Das Gebäude ist heute noch gut erhalten.

Valentins Vaterhaus

Ein kleiner Abstecher führt Sie nun zum Anwesen **Zeppelinstraße 41**. In ihm wurde 1882 der größte Sohn der Vorstadt Au geboren: **Karl Valentin**. Sein Vater hatte dort eine Möbeltransportfirma, der Sohn aber wurde Volkssänger, Komödiant, Filmer, Autor – und wohl der größte Universalkünstler, den München im 20. Jh. hervorgebracht hat. Sein skurriler Humor, der bei seinen Münchner Zeitgenossen bisweilen auf Unverständnis stieß, wird heute gerne als dadaistisch bezeichnet, manche vergleichen Karl Valentin inzwischen auch mit Charlie Chaplin. Zu seinen Lebzeiten erhielt er weniger

Anerkennung. Kurt Tucholsky hat ihn immerhin verehrt und die Bezeichnung »Linksdenker« für ihn geprägt. Dem Haus selbst sieht man das freilich nicht an; es ist für die Öffentlichkeit nicht zugänglich, enthält aber einen Raum im Erdgeschoss, der für Kulturveranstaltungen genutzt werden kann.

Vorbild für den Kölner Dom

Nun erreichen Sie den Mariahilfplatz, das Herzstück der **Vorstadt Au** 7. Der größte Platz Münchens nach der Theresienwiese ist jahrhundertelang von Bebauung verschont geblieben, weil erst Giesinger Bauern dort ein Weiderecht hatten und später die imposante **Mariahilfkirche** hier gebaut wurde. Von Joseph Daniel Ohlmüller 1831–1839 im neugotischen Stil errichtet, galt sie damals als Sensation – wegen ihrer Größe,

ihrer an das Freiburger Münster erinnernde Turmfassade, der durchbrochenen Turmspitze und des mit bunten Ziegeln gedeckten Dachs. Besonders sehenswert sind die Glasfenster. Sie dienten übrigens später als Vorbild für den Kölner Dom.
Eigentlich ist der Mariahilfplatz aber auch Münchens schönster Rummelplatz. Gleich dreimal im Jahr findet hier die **Auer Dult** statt, so etwas wie das Oktoberfest im Vorstadtformat; ein Markt, auf dem man auch Gemüsehobel, Spitzenborten, Strümpfe und Kaffeetassen erstehen kann, neben alten Büchern, wertvollen und weniger wertvollen Antiquitäten. Daneben gibt es kleine Karussells für die Kinder, ein erstaunlich flottes, kleines Riesenrad, ein Kasperltheater, Schiffschaukeln und den einen oder anderen Bierausschank.

Starkbier und Jahrmarkt

Der Mariahilfplatz hat aber noch mehr zu bieten als die Dult. Biegen Sie am Südende des Platzes in die kleine Straße ein, so kommen Sie zum heutigen **Landratsamt**. Hier stand einmal das Kloster der Paulanermönche, die schon seit 1651 das herzogliche Recht besaßen, während der Fastenzeit Starkbier zu brauen. Die Ordensniederlassung wurde 1799 aufgelöst, die Braurechte blieben: Der Wirt und Brauer Franz Xaver Zacherl kaufte sie 1806 vom bayerischen Staat. Der Neubau des Landratsamts von 1902 hat übrigens die alte Fassade nachempfunden und sogar den Turm der ehemaligen Stiftskirche wieder aufgebaut.
Am Neudeck stand seit Beginn des 17. Jh. ein kleines Sommerschloss der bayerischen Herzöge, das allerdings schon 1905 abgerissen wurde.

Damals wurden eine Landesimpfanstalt (heute Polizeiinspektion) und eine Strafanstalt für den Jugend- und Frauenarrest direkt am Ufer des Auer Mühlbachs gebaut, im stark historisierenden Stil. Seit der Auer Mühlbach wieder weitgehend freigelegt wurde, findet man hier einen geradezu idyllischen Spazierweg vor, der wegen des steil aufragenden Isarhochufers fast an einen Gebirgswanderweg erinnert.
An der Ohlmüllerstraße angekommen, sehen Sie sich wieder den Realitäten der Großstadt gegenüber. Rechts finden Sie die einzigen noch erhaltenen originalen Gebäude des **Paulanerklosters** mit restaurierten Fresken, auf der Straßenseite gegenüber steht derzeit noch die Paulanerbrauerei, die anstelle des ehemaligen Klostergartens errichtet wurde. Die Brauerei zieht jedoch an den Stadtrand, deshalb wird hier schon bald ein neues, großes Wohngebiet entstehen, das die Struktur des Viertels sehr verändern könnte, wie viele Alteingesessene befürchten. Links aber führt eine Steintreppe über mehrere Etappen und viele steile Stufen hinauf zum berühmten **Salvatorkeller am Nockherberg**. Oben stehen Sie dann direkt vor dem Bierkeller, in dem jährlich zum Beginn der Starkbierzeit das berühmte »Derblecken« stattfindet. Das historische Gebäude ist 1999 abgebrannt, das neue ist ein recht nüchterner Zweckbau mit der Ausstrahlung einer Lagerhalle. Sehr schön ist aber der dazugehörige Biergarten.
Über die Grünanlage an der Hochstraße und den Zacherlweg gelangen Sie wieder hinunter zur Nockherstraße, die links direkt zum U-Bahnhof Kolumbusplatz führt.

MUSEEN

Haidhausen-Museum ▸ S. 149, E 14

Kleines Stadtteilmuseum, auch mit wechselnden Ausstellungen zur Stadt-
teilgeschichte.
Kirchenstr. 24 • Tel. 0 89/4 48 52 92 • http://haidhausen-museum.mux.de •
Mo–Mi 16–18, So 14–18 Uhr

Kartoffelmuseum ▸ S. 149, F 15

Ein Museum, das sich höchst kurzweilig mit der Geschichte und Verbrei-
tung der Kartoffel befasst. Gestiftet wurde es von Otto Eckart, dem Grün-
der der Pfanni-Werke, die hier mal ihren Hauptsitz hatten.
Grafinger Str. 2 • Tel. 0 89/40 40 50 • www.kartoffelmuseum.de • Di–Do
nach Vereinbarung, Fr 9–18, Sa 11–17 Uhr

ESSEN & TRINKEN

Rue des Halles ▸ S. 149, E 15

Hochwertige französische Bistro-Küche im Franzosenviertel: Das Rue des
Halles gilt seit Jahren als eines der besten Lokale Haidhausens.
Steinstr. 18 • Tel. 0 89/48 56 75 • tgl. 18–1 Uhr • http://rue-des-halles.de •
€€€

No Mi Ya ▸ S. 149, E 15

Dieses bayerisch-japanische Lokal wird von dem Haidhauser Original
Ferdl Schuster geführt. Auf der Speisekarte stehen nicht nur hervorragen-
de Biere, sondern auch grüner Tee, Sushi und Schweinswürstl.
Wörthstr. 7 • Tel. 0 89/4 48 40 95 • www.nomiya.de • tgl. 18–1 Uhr • €€

Wirtshaus in der Au ▸ S. 149, D 15

Solide bayerische Küche, laut Eigenwerbung mit den »größten Knödeln
der Stadt«. Im ehemaligen Wagner-Bräu, der mehrere Säle und Gasträume
umfasst, wird heute Paulaner-Bier ausgeschenkt.
Lilienstr. 51 • Tel. 0 89/4 48 14 00 • www.wirtshausinderau.de • Mo–Fr
17–1, Sa/So 10–1 Uhr • €€

Johannis Café ▸ S. 149, E 14

Eine der ältesten Absturzkneipen der Stadt (seit 1926!) mit dem Charme
der 1950er-Jahre. Ein beliebter Treff für Nachtschwärmer, die zu später
Stunde günstige Speisen schätzen.
Johannisplatz 15 • Tel. 0 89/480 12 40 • Mi–Mo 11–5 Uhr • €

Zum Kloster ▸ S. 149, E 14

Gemütliche bayerische Wirtschaft mit alternativem Anstrich. Hier treffen
Schafkopfspieler aus der Nachbarschaft auf Öko-Aktivisten und Studenten.
Preysingstr. 77 • Tel. 0 89/4 47 05 64 • Mo–Sa 10–1, So 17–1 Uhr • €

Höfisches Leben in Nymphenburg

Fast 350 Jahre bayerischer Geschichte und dazu Natur-
erlebnisse in einem einzigartigen Biotop: Dieser Spaziergang bietet beides. Denn Nymphenburg, im Westen der
Stadt gelegen, beherbergt nicht nur die ehemalige Sommerresidenz der Wittelsbacher, sondern bietet mit dem
Schlosspark und dem Botanischen Garten auch Lebensraum
für viele seltene Vogel- und Pflanzenarten, wie man sie sonst
kaum irgendwo in der Stadt finden kann. Ganz nebenbei
begegnet man einigen wunderschönen Jugendstilfassaden.

◄ Blick auf Schloss Nymphenburg
(► S. 102): Sommerresidenz der Wittelsbacher und Geburtsort Ludwig II.

START U-Bahn: Rotkreuzplatz
ENDE   Straßenbahn: Schloss
           Nymphenburg, Linie 17
DAUER 4 Stunden

Am U-Bahnhof Rotkreuzplatz wählen Sie den mittleren Ausgang zur Volkartstraße und folgen der Nymphenburger Straße in Richtung Norden. Bei der Lachnerstraße biegen Sie links ein und sehen nach etwa 50 m einen der avantgardistischsten Kirchenneubauten, die München zu bieten hat: die **Herz-Jesu-Kirche.** Nachdem die alte Kirche 1994 abgebrannt war, beauftragte das Erzbischöfliche Ordinariat das Architektenbüro Allmann Sattler Wappner, einen Neubau zu entwerfen. Im Jahr 2000 konnte die Kirche geweiht werden: ein 16 m hoher Kubus aus Glas und Stahl, in dem das Licht als wesentliches gestalterisches Merkmal auffällt. Die 14 m hohen Flügeltüren lassen sich auf voller Breite öffnen und ermöglichen so an schönen Tagen eine wahrhaft »offene Kirche«. Sehenswert sind auch die Kreuzwegstationen des Künstlers Matthias Wähner.

Rund ums Rondell

Nach der Kirche gehen Sie nach rechts in die Winthirstraße und biegen an der nächsten Kreuzung rechts in die Romanstraße ein. Hier sehen Sie das Anwesen Romanstraße 5 mit einer sehr aufwendig gestalteten Fassade voller Blüten und Blumenranken, die typisch ist für die Münchner Variante des Jugendstils. Fassaden aus jener Zeit werden Sie auf diesem Spaziergang noch häufiger sehen, denn im späten 19. Jh., während der Boomjahre der Gründerzeit, entstanden zwischen dem ehemaligen Dorf Neuhausen und dem Schloss große Wohnviertel, vorwiegend für betuchtere Kreise. Hauptsächlich frei stehende Einzelvillen wurden errichtet, jeweils mit großen Gärten oder gar Parks, für höhere Beamte, Unternehmer und Künstler. Südlich des Kanals wurde das letzte große Stadterweiterungsgebiet nach geometrischem Grundmuster rund um das **Rondell Neuwittelsbach** geplant. Dass es in seiner strengen Form nicht mehr ganz umgesetzt wurde, liegt an einem Umdenken in der Stadtplanung. Theodor Fischer, Stadtbaurat seit 1893, plädierte damals für »malerische«, lockere und geschwungene Straßenführungen und gegen das Diktat des rechten Winkels.

Gehen Sie nun die Romanstraße in Richtung Norden und gelangen Sie wieder an die Nymphenburger Straße – beachten Sie das Eckhaus mit dem Jugendstilgiebel aus dem Jahr 1902, der von einem Relief gekrönt ist, das ein großes, bärtiges Neptunhaupt zeigt, vielleicht ein Verweis auf den Kanal, den Sie gleich erreichen werden. Überqueren Sie die Straße und betreten Sie den Grünwaldpark, der genau genommen nur eine stark ver-

> **Ein Maler, ein Museum**
>
> Im Anwesen Schlossrondell Nummer 1 befindet sich das Erwin-von-Kreibig-Museum, das Werke des 1961 verstorbenen Münchner Malers und Grafikers sowie in wechselnden Ausstellungen auch Gemälde anderer lokaler Künstler zeigt (Mi–So 14–17 Uhr).

größere Grünfläche ist. Beim Durchqueren kommen Sie auf direktem Weg zu einem kleinen Brunnenpavillon, dem **Hubertus-Brunnen**. Er bildet den Abschluss des sichtbaren Teils des Nymphenburger Kanals und stammt von dem damals sehr bekannten Münchner Bildhauer Adolf von Hildebrand, der ihn zwischen 1903 und 1909 entwarf. 1954 wurde der Brunnen am östlichen Ende des Schlosskanals aufgestellt, beim sogenannten **Kessel**, dem verbreiterten Schlussstück des Kanals. Von hier aus hat man einen fantastischen Blick auf das etwa 1,7 km entfernte Schloss.

> **Tod im »Kessel«**
>
> Der Schlosskanal führt vom Hubertus-Brunnen an unterirdisch weiter bis zum Schleißheimer Schloss und tritt dort als künstliche Quelle wieder zu Tage. Der Sog des Abflusses hat früher einigen leichtfertigen Schwimmern das Leben gekostet, seitdem ist das Baden verboten.

Promenieren und Eislaufen

Sollten Sie noch Lust haben, weitere schöne Jugendstilfassaden zu sehen, so machen Sie jetzt von der Nördlichen Auffahrtsallee einen kleinen Abstecher in die **Böcklinstraße**. Auf Nummer 34 und 36 stehen zwei sehr schöne Exemplare. Aber auch entlang der Nördlichen Auffahrtsallee gibt es einige schöne Fassaden, zum Beispiel die am Doppelhaus Nummer 24/25: Hirsch, Hahn und Füchse kann man da in den Giebeln und an den Wänden erkennen.

Die Nördliche Auffahrtsallee führt, wie der Name schon sagt, neben dem Schlosskanal direkt auf das Schloss zu, und für viele Anwohner ist der Spazierweg am Wasser eine beliebte Promenade. Mütter mit Kinderwägen, Jogger mit i-Pod und natürlich Hundehalter mit ihren Lieblingen findet man dort zu jeder Jahreszeit. Am Ufer nisten Wasservögel, gelegentlich kann man Fische beobachten, und im Spätherbst sind sogar Karpfen, die im Kanal gefischt wurden, käuflich zu erwerben.

Im Winter bietet der Wasserweg aber noch eine ganz andere Attraktion: Eisstockschützen und Eisläufer sind dann auf dem zugefrorenen Kanal zugange, an Ständen gibt es Glühwein und heißen Tee. So ist der Nymphenburger Kanal einer der Lieblings-Eislaufplätze der Münchner geworden – und zwar nicht nur deshalb, weil er kostenlos ist.

Der »Blaue Kurfürst«

Die ursprüngliche Idee zum Schlosskanal stammt aus der Zeit des Absolutismus, als in Bayern der **Kurfürst Max Emanuel** herrschte. Der »Blaue Kurfürst«, wie man ihn schon zu Lebzeiten wegen der Farbe seiner Uniform nannte, ist in mehrfacher Hinsicht mit dem Schloss Nymphenburg selbst verbunden. Sein Vater, **Kurfürst Ferdinand Maria**, hatte die damalige Hofmark Kemnaten 1663 für 10 000 Gulden gekauft und sie seiner Gattin Henriette Adelaide von Savoyen anlässlich der Geburt des Thronfolgers, Max Emanuel eben, geschenkt. Die Kurfürstin nannte das Anwesen »Borgo delle Ninfe«, zu Deutsch »Nymphenburg«, und diesen Namen sollten Schloss und das spätere Stadtviertel auch beibehalten. Die in Turin geborene Henriette Adelaide hielt wenig von den einheimischen Baumeistern und holte Architekten aus ihrer italienischen Heimat nach München, und so darf es als relativ gesichert gelten, dass Agostino Barelli den Mittelbau des Schlosses entworfen hat und später Enrico Zuccalli daran weitergearbeitet hat.

Als Max Emanuel nach dem Tod seines Vaters 1679 im Alter von 17 Jahren den bayerischen Thron bestieg, hatte er höchst ehrgeizige Pläne. Er wollte einen Königstitel haben, und deshalb rüstete er das bayerische Heer auf, um an den Machtkämpfen jener Zeit teilnehmen zu können – in wechselnden Allianzen. Zuerst kämpfte er mit den Habsburgern gegen die Türken und machte sich einen Namen als »Befreier Belgrads«, später dann mischte er im Spanischen Erbfolgekrieg auf Seiten der Franzosen mit. Sein Sohn Joseph Ferdinand war schon als Universalerbe der spanischen Krone bestimmt gewesen, doch sein früher Tod mit sechs Jahren machten die Großmachtpläne seines Vaters zunichte. Auch die Allianz mit dem französischen Sonnenkönig Ludwig XIV. brachte ihm kein Glück; Max Emanuel musste zwischenzeitlich gar ins Exil nach Frankreich und Belgien gehen, und in Bayern zogen die Österreicher als Besatzungsmacht ein.

Erfolgreicher war Max Emanuel hingegen als Bauherr, und auch auf diesem Gebiet dachte er in großen Dimensionen. **Nymphenburg** als Sommerresidenz der Wittelsbacher spielte da eine wesentliche Rolle.

Bauen in großen Dimensionen

Der »Blaue Kurfürst« ließ in zwei Schritten den verhältnismäßig kompakten Mittelbau durch zwei Flügelanlagen auf imposante 685 m verbreitern und hinter dem Schloss einen gewaltigen Barockpark anlegen, dessen größter Teil jedoch später zu einem Landschaftspark nach englischem Vorbild umgestaltet wurde – übrigens von Friedrich Ludwig Sckell, der auch den Englischen Garten wesentlich mitgeprägt hat. Auch die Konzeption des halbkreisförmigen Schlossrondells mit seinen zehn Palaisbauten geht noch auf Max Emanuel zurück, ebenso wie der **Schlosskanal**. Wegen des Grunderwerbs brauchte sich der absolutistisch herrschende Max Emanuel den Kopf nicht zu zerbrechen: Die Bauern von Obermenzing und Pipping mussten Grund und Boden entschädigungslos abtreten.

Porzellan und Prunkschlitten

Am Schlossrondell angekommen, gehen Sie rechts am Rondell entlang und erreichen nach 150 m ein Haus, in dem sich die berühmte **Nymphenburger Porzellan Manufaktur** befindet. 1747 in der Vorstadt Au gegründet, zog sie schon 1761 ins Schlossrondell um, und bis heute werden hier vorwiegend dekorative Porzellanfiguren und Schmuckgeschirr hergestellt. Nach wie vor erledigen die 70 Mitarbeiter sämtliche Arbeitsschritte von Hand; die Besichtigung der Manufaktur ist nach Voranmeldung möglich, aber mit 25 Euro pro Person nicht billig. Im Obergeschoss des Marstallmuseums befindet sich die große **Sammlung Bäuml** mit historischen Erzeugnissen der Nymphenburger Manufaktur.

So vorbildlich erhalten wie das Gebäude der Porzellanmanufaktur sind übrigens die wenigsten der ehemaligen Hofbeamtenhäuser des Schlossrondells. Einige von ihnen standen zum Teil jahrzehntelang leer, verfielen zusehends und wurden gar in jüngster Zeit zum Abriss freigegeben, was angesichts der Bedeutung für das Gesamt-Ensemble völlig unverständlich ist. Andere wurden etwa zu exklusiven Event- und Tagungshäusern umgebaut oder werden privat genutzt.

Nun erreichen Sie die Hauptanlage des Schlosses mit dem ehemaligen Orangeriegebäude, das bis 1724 fertiggestellt wurde. Heute befindet sich hier der **Hubertussaal** für Konzerte und andere Veranstaltungen sowie das **Museum Mensch und Natur** mit zahlreichen interaktiven Angeboten, das auf spielerische Weise Naturkunde und ökologische Zusammenhänge vermittelt, was es insbesondere für Familien mit Kindern sehr attraktiv macht: Herrscht trübes Wetter, so kann man den etwas versteckten Eingang zum Museum gar nicht verfehlen, man muss nur der Kinderwagenkarawane folgen.

Im Pendant des Orangeriegebäudes, dem Marstall auf der Südseite des Schlosses, findet man das **Marstallmuseum**. Es zeigt historische Staats- und Galakutschen, Prunkschlitten und Reitausrüstungen der bayeri-

schen Kurfürsten und Könige. Zu
sehen sind auch die Kutschen und
Schlitten, mit denen der Märchen-
könig Ludwig II. in ganz Bayern auf
seinen meist nächtlichen Fahrten
unterwegs gewesen ist, und im Obergeschoss befindet sich die bereits er-
wähnte Sammlung Bäuml mit Nymphenburger Porzellanarbeiten von
1747 bis 1920.

Im Mittelbau des Schlosses ist der
Eingang zu den eigentlichen historischen Schauräumen, die heute noch
besichtigt werden können.

Auf Leinwand gebannte Schönheiten

Zu den Höhepunkten zählen der
zentrale **Steinerne Saal**, der sich
über zwei Geschosse erstreckt und

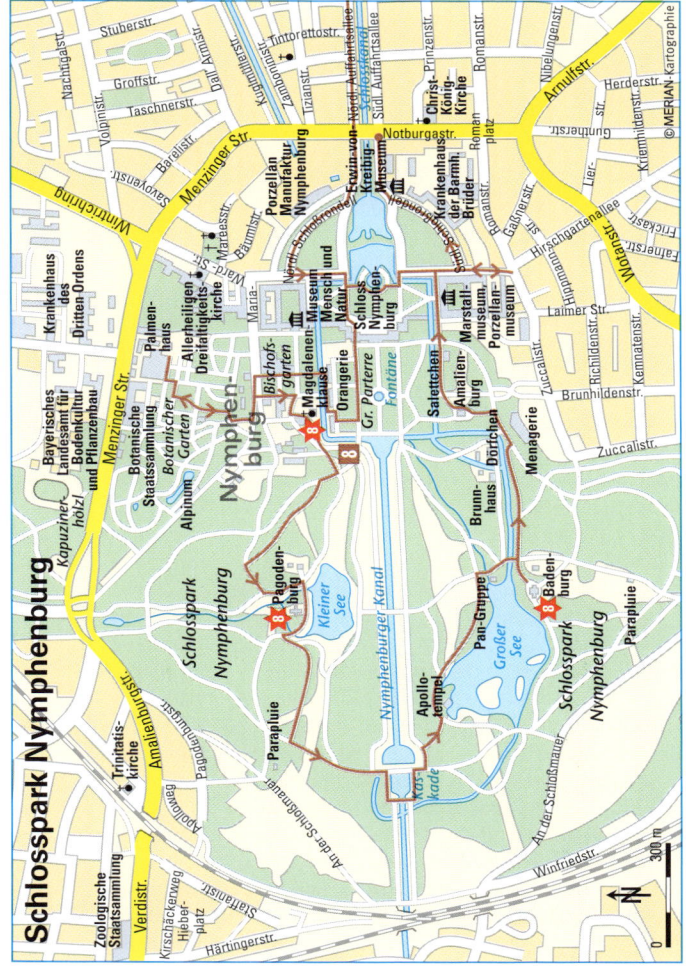

Rund 14 000 Pflanzenarten werden im 22 ha großen Botanischen Garten (▶ S. 105) kultiviert, darunter viele subtropische Gewächse.

neben seiner opulenten Barockausstattung auch durch seinen phänomenalen Ausblick in den Park besticht. Zahlreiche Barock- und Rokokokünstler haben sich im Dienste höfischer Prachtentfaltung in Nymphenburg verwirklicht, unter ihnen Johann Baptist Zimmermann, François Cuvilliés, Antonio Viscardi und Johann Anton Gumpp. An diesen Namen kann man ablesen, dass unter Max Emanuel auch einheimische Künstler und Architekten zum Zug kamen und der Hof mit seiner Bautätigkeit nicht mehr auf Fachleute aus dem Ausland angewiesen war. Insgesamt 20 Schauräume und die Schlosskapelle sind im Schloss öf-

> ### Ludwigs Lieblinge
> Während sein Großvater Ludwig I. schöne Münchnerinnen malen ließ, hatte Ludwig II. eher eine Schwäche für seine Reitpferde: Die ließ er von seinem Hofmaler Friedrich Wilhelm Pfeiffer porträtieren; 26 Bilder kann man heute noch im Marstallmuseum bewundern.

fentlich zugänglich, darunter das **Geburtszimmer Ludwig II.**, das **chinesische Lackkabinett** und die berühmte **Schönheitengalerie** von Ludwig I. im ehemaligen »Kleinen Speisesaal« des Schlosses. Der König hat damals von seinem Hofmaler nicht nur hübsche, junge Adelige malen lassen, sondern auch Mädchen aus dem mehr oder weniger einfachen Volk. Die berühmte Tänzerin Lola Montez ist auch darunter. Mit ihr hatte der alternde Monarch eine Affäre, die ihn schließlich den Thron kosten sollte.

Rechts vom Mittelbau aus geht es in den **Schlosspark** mit seinen herrlichen **Parkburgen 8**. Mit gut 200 ha

Ihren Namen verdankt die Badenburg (▶ S. 106) im Schlosspark Nymphenburg dem ersten beheizten Hallenbad der Neuzeit.

ist er eine der bedeutendsten barocken Gartenanlagen Deutschlands. Von Max Emanuels Landschaftspark nach französischem Vorbild sind allerdings nur noch der kleine Bereich vor dem Schloss selbst und der große Mittelkanal, den der Kurfürst vorwiegend von türkischen Kriegsgefangenen und Zwangsarbeitern ausheben ließ, übrig geblieben. Prunkvolle Feste fanden hier statt; um auch auf dem fast 700 m langen Kanal feiern zu können, ließ Max Emanuel große Prachtgondeln bauen und sogar Gondolieri aus Venedig anreisen.

Den streng geometrischen Garten vor dem Schloss zieren Götterfiguren, hauptsächlich von den Rokokobildhauern Johann Baptist Straub und Roman Anton Boos sowie eine 10 m hohe Fontäne. Rechts dieses sogenannten Garten-Parterres sehen Sie Palmen- und Gewächshäuser, die im 19. Jh. erbaut wurden. Folgen Sie dem Weg bis zum Ende des Ziergartens und gehen Sie nach rechts in Richtung **Magdalenenklause** 8. Die sieht ziemlich heruntergekommen aus – das aber immer schon! Sie ist das typische Beispiel vorromantischer Ruinenarchitektur. 1725 hat sie der Hofbaumeister Joseph Effner für Max Emanuel entworfen; eine Eremitage zu Ehren der Schutzpatronin Nymphenburgs, der hl. Magdalena, mit Anklängen an gotischen, maurischen und romanischen Baustil. Hierhin wollte sich der Kurfürst zur Buße und zur »Betrachtung der Vergänglichkeit« zurückziehen, was die architektonische Ausführung erklärt.

Palmen und Pagode

Von der Magdalenenklause gehen Sie in den **Botanischen Garten**, der allerdings nicht zum Schlosspark gehört und gesonderten Eintritt verlangt. 14 000 verschiedene Pflanzenarten findet man hier, besonders schön sind die großen Gewächshäuser mit Palmen, Agaven, Bambuspflanzen, Kakteen, Orchideen, Magnolien, Bananenstauden und sogar fleischfressenden Pflanzen in subtropischer Hitze. Im Außenbereich stechen der große Alpensteingarten beim großen Teich, der Rosengarten und der Rhododendrenhain zur Blütezeit zwischen Ende Mai und Juni hervor.

Wenn Sie wieder in den Schlosspark zurückkehren, gehen Sie rechts an der Magdalenenklause vorbei und folgen Sie den Hinweisschildern zur **Pagodenburg** 🔴8, die Sie nach etwa 400 m erreichen. Sie steht an einem kleinen, künstlichen See, den Sckell hier angelegt hat. Das Schlösschen diente den Fürsten zur Rast auf der Jagd und als Teepavillon; angeblich soll Max Emanuel den Grundriss selbst entworfen haben. Hübsch ist die reiche Innenausstattung in Samtbrokat und mit chinesischen Seide- und Papiertapeten im Obergeschoss.

Erstes Hallenbad der Neuzeit

Nach der Pagodenburg folgen Sie dem Weg in Richtung Westen, bis Sie zur **Kaskade** gelangen, die noch typische Barockarchitektur aufweist und diverse Götter- und allegorische Figuren darstellt, darunter Werke des Bildhauers Giuseppe Volpini. Wenn Sie die Kaskade überqueren, gelangen Sie zum 1804 angelegten Badenburger See, an dessen Nordufer Sie den Apollotempel von Leo von Klenze passieren und am Ende des Sees, bei der Figurengruppe mit dem Flöte blasenden Pan, nach rechts zur **Badenburg** 🔴8 abbiegen, die dem künstlich angelegten See seinen Namen gibt. Obendrein trägt

die Badenburg ihren eigenen Namen sehr zu Recht, denn sie enthält das erste heizbare Hallenbad der europäischen Neuzeit. Max Emanuel ist dazu wohl durch türkische Badehäuser angeregt worden, die er auf seinem Ungarnfeldzug kennengelernt hatte. Sein Hofbaumeister Joseph Effner durfte die Idee dann 1718/19 umsetzen. Das Schwimmbecken, in dem der große Kurfürst planschte und lustige Feste mit Badenymphen feierte, ist noch zu besichtigen. Näheres ist nicht überliefert, und das Becken enthält heute auch kein Wasser mehr.

Von der Badenburg gehen Sie zurück in Richtung Schloss, wo Sie linker Hand am sogenannten **Dörfchen** vorbeikommen, wo einst Bedienstete wohnten und ein historisches Brunnhaus für den Betrieb der großen Gartenfontäne zuständig war. Nach etwa 100 m zweigt der Weg nach links zur **Amalienburg** 🔴8 ab. Das Rokokojuwel wurde 1734–1739 als Jagdschlösschen für Kurfürstin Maria Amalia nach Plänen von Cuvilliés erbaut. Seine opulente Ausstattung deutet vor allem durch die häufige Verwendung des Motivs der Jagdgöttin Diana auf seinen Zweck hin, aber auch durch die »Hundekammer«, in der es neben Gewehrschränken auch Kojen für die fürstlichen Jagdhunde gab.

Vorbei an einem kleinen Gartensalettchen mit angebautem **Hexenhaus** führt der Weg wieder zum Schloss. Über das Rondell mit seinen vielen Kavaliershäusern, die zum Teil leider in einem recht heruntergekommenen Zustand sind, gelangen Sie zur Südlichen Auffahrtsallee und an der Ecke Notburgastraße zur Trambahnhaltestelle, von wo aus Straßenbahnen im 10-Min.-Takt in die Innenstadt fahren.

SEHENSWERTES

Botanischer Garten ▸ S. 142, A 2/3

Besonders schön ist die Anlage im Frühjahr, wenn Magnolien und Rhododendren in voller Blüte stehen.

Menzinger Str. 65 • www.botmuc.de/de • Nov.–Jan. tgl. 9–16.30, Okt., Feb. und März 9–17, April, Sept. 9–18, Mai–Aug. 9–19 Uhr, die Gewächshäuser schließen jeweils eine halbe Stunde früher • Eintritt 4 €, erm. 2,50 €

Nymphenburger Porzellan Manufaktur ▸ S. 142, A 3

Traditionelle Handwerkskunst wie vor 200 Jahren.

Nördliches Schlossrondell 8 • www.nymphenburg.com • Mo–Fr 10–17 Uhr • Führungen Mi 10 Uhr für 25 €/Person (nach Voranmeldg.)

Schloss Nymphenburg ▸ S. 142, A 3

In mehr als 20 historischen Räumen kann man die Sommerresidenz der Wittelsbacher kennenlernen.

Schloss Nymphenburg • www.schloss-nymphenburg.de • April–15. Okt. tgl. 9–18, 16. Okt.–März tgl. 10–16 Uhr • Eintritt 6 €, mit Parkburgen und Marstallmuseum 11,50 €

MUSEUM

Museum Mensch und Natur ▸ S. 142, A 3

Von den Dinosauriern bis zur Gentechnik wird alles anschaulich erklärt. Sehr kindertauglich.

Schloss Nymphenburg • www.musmn.de • Di, Mi, Fr 9–17, Do 9–20, Sa/So 10–18 Uhr • Eintritt 3 €, So 1 €, Kinder und Jugendliche frei

ESSEN & TRINKEN

Eiscafé Sarcletti ▸ S. 143, D 4

Münchens bekannteste Eisdiele: Hier gibt es angeblich das beste Eis der Stadt – und die meisten Sorten.

Nymphenburger Str. 155 • Tel. 0 89/15 53 14 • www.sarcletti.de • tgl. 9–23 Uhr, Winterpause Nov.–Ende Jan. • €€

Schlosscafé im Palmenhaus ▸ S. 142, A 2

Beliebtes Ausflugslokal direkt neben dem Schloss, berühmt für seine Kuchen und Torten.

Schloss Nymphenburg 43 • Tel. 0 89/17 53 09 • www.palmenhaus.de • Di–So 10–17.30 • €€

Schlosswirtschaft Schwaige ▸ S. 142, A 3

Schöner Biergarten beim Marstallgebäude mit bayerischer Küche.

Schloss Nymphenburg 30 • Tel. 0 89/12 02 08 90 • www.schlosswirtschaft-schwaige.de • tgl. 11–24 Uhr • €€

Auf den Spuren von König Ludwig I.

Kein bayerischer Herrscher hat München so sehr verändert wie König Ludwig I. Er hat aus der beschaulichen
Residenzstadt im Süden Deutschlands mit gerade mal
50 000 Einwohnern innerhalb von drei Jahrzehnten eine
wichtige Kulturstadt gemacht, getreu seinem ehrgeizigen
Anspruch, niemand solle behaupten können, Deutschland
zu kennen, wenn er nicht München gesehen habe. In seiner
Regierungszeit ließ er zahlreiche Prachtbauten errichten,
die München bis heute prägen und zum Stolz gereichen.

◀ Blick von der Staatlichen Antikensammlung auf die Propyläen (▶ S. 109), die das Tor zum Königsplatz bilden.

START U-Bahn: Königsplatz
ENDE U-/S-Bahn: Marienplatz
DAUER 2–3 Stunden

Sobald Sie aus der U-Bahn ans Tageslicht kommen, sehen Sie auch schon Ludwigs konsequentestes und in sich geschlossenstes Bau-Ensemble, den **Königsplatz** ✡ mit den Propyläen, der Glyptothek und den Staatlichen Antikensammlungen. Ludwig I. ließ ihn schon bauen, als er noch Kronprinz war – und weil er seine Vorstellungen möglichst ungefiltert verwirklicht sehen wollte, wählte er einen Bauplatz auf freiem Felde, draußen vor den Toren der Stadt. Seinen Zeitgenossen muss das geradezu närrisch erschienen sein: ein architektonisches Disneyland gewissermaßen, das an nichts erinnerte, was es sonst in München gab, und das obendrein noch weitab vom Schuss gebaut wurde.

Ein Stück Griechenland in München

Ludwig I. aber ließ sich davon nicht beirren und war in dieser Hinsicht wohl ein ähnlich schwärmerischer Geist wie sein Enkel Ludwig II. Als junger Mann hatte er neben seiner Studienzeit in Landshut und Göttingen viele Monate in Rom verbracht, wo er sich für den Kreis der Deutsch-Römer – einer Gruppe von Malern, die unter dem Namen Nazarener

> ### Ehrgeiziges Ziel
> Schon als Kronprinz hatte Ludwig viel mit seiner Stadt vor: »Ich will aus München eine Stadt machen, die Teutschland so zur Ehre gereichen soll, dass keiner Teutschland kennt, wenn er nicht München gesehen hat.«

bekannt wurde – begeisterte und sie früh förderte. Darüber hinaus fühlte er sich ganz dem Geist des Klassizismus und dem neuen Humanismus verbunden und vergötterte das antike Griechenland. Stein gewordenes Zeugnis dieser Begeisterung ist der Königsplatz, den er von 1815 an auf eigene Kosten zum größten Teil von seinem damaligen Lieblingsarchitekten Leo von Klenze erbauen ließ. Die Grundkonzeption stammte aber von dem damaligen Hofarchitekten Karl von Fischer, der sich dabei an das Vorbild der Akropolis von Athen anlehnte.

Die **Propyläen** an der Westseite des Platzes, entworfen von Klenze, sind das beherrschende Bauwerk – und das, obwohl sie nie einem konkreten Zweck dienten. Sie sind in weiten Teilen eine glatte Kopie der Propyläen auf der Athener Akropolis, ergänzt durch ägyptische Einflüsse, die man an den beiden Seitentürmen gut erkennen kann. Der mittlere Tempelbau aber ist ganz im dorischen Stil gehalten – einem der drei großen griechischen Baustile, die exemplarisch an den drei Gebäuden auf dem Königsplatz umgesetzt sind: Die Glyptothek ist im ionischen Stil entworfen, die Antikensammlung im korinthischen. Interessanterweise sind die Propyläen, die ja eigentlich als eine Art neues Stadttor dienten, das letzte Gebäude, das am Königsplatz erbaut wurde, nämlich in den Jahren 1848–1862. Es wurde also erst verwirklicht und vollendet, als Ludwig schon längst abgedankt hatte.

Die **Glyptothek**, ebenfalls von Leo von Klenze entworfen, war hingegen das erste Bauwerk am Platz, das Ludwig noch als Kronprinz in Auftrag gab. 1816 war Baubeginn, 1830 konnte es vollendet werden. Sie sollte das Ausstellungshaus für die Privatsammlung des Königs werden. Denn Ludwig hatte bereits 1806 damit begonnen, klassische griechische Plastiken und andere antike Kunstwerke zu kaufen. Unter anderem ließ er 1813 das wichtigste Schaustück der heutigen Sammlung ersteigern, die wertvollen Giebelfiguren des Aphaia-Tempels in Athen, den sogenannten **Ägineten-Fries**. Und auch der berühmte Barberinische Faun, vermutlich um 220 v. Chr. entstanden, gehört heute zu den Prunkstücken der Sammlung und zu den Lieblingsskulpturen der Münchner.

> ### Knauseriger König
> Geld gab Ludwig I. nur für die Künste und die Architektur aus. Er selbst galt als großer Geizhals, der abgetragene Kleider trug und dem Staat und vor allem der Armee ein strenges Sparprogramm auferlegte.

Antike Keramiken

Gegenstück der Glyptothek im Norden des Platzes sind die **Staatlichen Antikensammlungen** im Süden, ebenfalls einem griechischen Tempel nachgebildet und in den Jahren 1838–1845 von Georg Friedrich Ziebland erbaut. Der Architekt hatte das Haus ursprünglich als religiöses Zentrum gedacht, aber schon zu Ludwigs Lebzeiten diente es sehr viel profaneren Zwecken und hieß damals offiziell »Kunst- und Industrie-Ausstellungsgebäude der Förderung der Kunst und des Gewerbes«. Seit dem Ende des Zweiten Weltkriegs, in dem das Gebäude stark zerstört wurde, und dem Wiederaufbau beherbergt es die Staatlichen Antikensammlungen, die wiederum auf Ludwig I. zurückgehen. Denn auch hier bildete seine Sammlung den Grundstock für die einzigartige Zusammenstellung antiker Keramiken. Praktisch alle klassischen Schulen der griechischen Antike und ihrer Handwerkskunst sind hier umfassend vertreten; zu den berühmtesten Exponaten zählen die Exekias- und die Dyonisos-Schale. Überhaupt stellen die Antikensammlungen damit die ideale Ergänzung zur Skulpturenschau in der Glyptothek dar.

Die Pinakotheken

Vom Königsplatz gehen Sie über die Arcisstraße in Richtung Norden. Schon an der nächsten Kreuzung sehen Sie einen weiteren Klenzebau, der im Auftrag von Ludwig entstanden ist: die **Alte Pinakothek**. Der König wollte hier die über das ganze Land Bayern verteilten Kunstgemäldesammlungen zusammenführen und beauftragte Leo von Klenze mit dem Bau eines Ausstellungshauses; es wurde in den Jahren 1826–1836 errichtet. Den Namen dafür erfand Ludwig einfach selbst – Pinakothek ist ein griechisch-römisches Kunstwort, das so viel wie »Gemäldesammlung« bedeutet. An Exponaten mangelte es dem Monarchen wahrlich nicht: Die bayerischen Fürsten waren immer schon kunstsinnig gewesen – Vorfahr Herzog Albrecht V. (1528–1579) beispielsweise richtete in der Residenz 1563 die erste »Wunderkammer« und damit das erste deutsche Museum überhaupt ein, und dank der Erbfolge kamen die Wittelsbacher im Lauf der Zeit zusätzlich in den Besitz der großen fürstlichen Sammlungen von Mannheim, Zweibrücken und Düsseldorf. Mehr als 700 Gemälde aus der Zeit vom 14. bis zum 18. Jh. sind vertreten, darunter zahlreiche Meisterwerke der Weltkunst: Albrecht Dürers »Vier Apostel«, Rogier van Weydens »Dreikönigsaltar«, das riesige »Große Jüngste Gericht« von Peter Paul Rubens, das »Schlaraffenland« von Pieter Brueghel oder auch das Lieblingsbild der Münchner, Albrecht Altdorfers »Alexanderschlacht« aus dem Jahr 1529.

Weil selbst Klenzes Pinakothek, damals das größte Galeriehaus Deutschlands, nicht ausreichte, um die Sammlungen unterzubringen, entstand zwischen 1846 und 1853 nach Plänen von Friedrich von Gärtner und August von Voit die **Neue Pinakothek** nördlich der Alten. Sie war der damaligen zeitgenössischen Kunst vorbehalten.

Alte Meister und Lokalmatadore

Das ursprüngliche Gebäude fiel in den Jahren 1944/1945 fast vollständig den Bomben zum Opfer, es wurde nicht wieder aufgebaut. Anstelle des alten Baus errichtete der Frei-

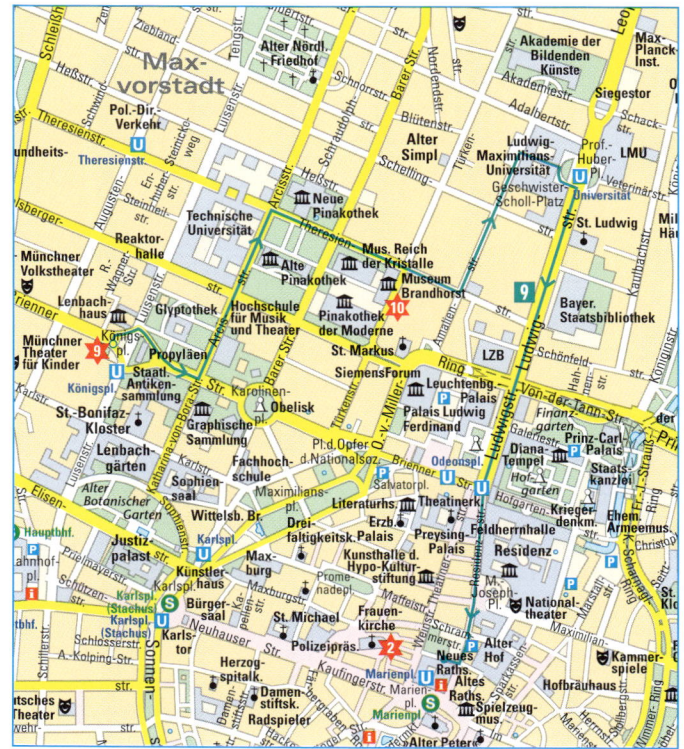

Eine breite Treppe in der Alten Pinakothek (▶ S. 110) im Kunstareal führt zu den Sälen im Obergeschoss, wo sich der Hauptteil der Ausstellungen befindet.

staat einen postmodernen Neubau nach dem Entwurf von Alexander von Branca, 1981 konnte er eröffnet werden. Heute ist in der Neuen Pinakothek die Kunst des 19. und des frühen 20. Jh. zu Hause. Wobei sich hier zu Meisterwerken der Weltkunst durchaus auch bayerische Lokalmatadoren gesellen. So sind Jacques Louis David, Claude Monet, Caspar David Friedrich, Francisco de Goya, Paul Gauguin, Paul Cézanne, Edgar Degas und Vincent van Gogh ebenso mit bedeutenden Arbeiten vertreten wie die Maler der »Dachauer Schule«, Carl Spitzweg, Wilhelm von Kobell oder die Malerfürsten Franz Lenbach, Karl Theodor von Piloty (mit gewaltigen Ölschinken) und Wilhelm von Kaulbach. Vereinzelt werden die Gemälde noch ergänzt durch Skulpturen. Zu den wichtigsten Schwerpunkten der Sammlung gehört der deutsche Impressionismus, aber auch die Deutschrömer und die Romantik sind mit zahlreichen Werken vertreten.

Universität und Widerstand

Zwischen den beiden Pinakotheken folgen Sie der Theresienstraße in Richtung Osten und biegen bei der Amalienstraße links ein. Ihr folgen Sie bis kurz vor der Einmündung der Adalbertstraße. Auf der rechten Seite finden Sie den rückwärtigen Eingang zur **Universität**, der allerdings nicht aus Ludwigs Zeiten stammt, sondern erst nach der Wende zum 20. Jh. als Erweiterungsbau entstanden ist. Dass die Universität hier steht, ist Ludwig jedoch sehr wohl zu verdanken. Als Kronprinz hatte er selbst noch in der damaligen Universitätsstadt Landshut studieren müssen, und schon kurz nach seinem Amtsantritt verlegte er die Uni nach München.

Wie schade, dass der Blick auf das 2009 neu eingedeckte Mosaikdach der Ludwigs-kirche (▶ S. 115) mit seinem Form- und Farbenspiel den Vögeln vorbehalten ist.

Vom rückwärtigen Eingang gelangen Sie auf geradem Weg in den **Lichthof** der Universität und in den Teil des Baus, der von 1835 an nach den Plänen Friedrich von Gärtners, dem großen Rivalen von Klenze, entstanden ist. Berühmt wurde der Lichthof als historischer Ort vor allem deshalb, weil die Geschwister Scholl hier am 18. Februar 1943 ihre Flugblätter gegen die Nazi-Herrschaft von der Galerie des zweiten Stocks warfen. Heute erinnern daran eine Gedenktafel sowie eine »Denk-Stätte« im Seitentrakt an diesen Akt des Widerstands.

Im Lichthof begegnet Ihnen aber auch Ludwig I. selbst – als antikisierende Sitzfigur links (die rechte stellt den Prinzregenten Luitpold dar) an der großen Prachttreppe, die Sie nun hinauf- und auf der anderen Seite wieder hinuntergehen, um auf den Geschwister-Scholl-Platz zu gelan-

gen. Hier sind Sie nun an einem Herzstück königlicher Stadtplanung angelangt, dem **Universitätsforum** als Schlusspunkt der Ludwigstraße, deren ursprünglicher Entwurf auf Leo von Klenze zurückgeht. Ludwig plante sie schon 1816, damals war er noch Kronprinz, als wesentliche Achse der Stadterweiterung nach Norden, denn München endete damals noch am Odeonsplatz – eine Prachtstraße, die den Vergleich mit den großen Boulevards von Paris oder der römischen Via del Corso nicht scheuen sollte. Gewissermaßen auf freiem Feld reihte Ludwig hier ein repräsentatives Gebäude und Palais an das andere, als sichtbares Zeichen seines Anspruchs, aus seiner kleinen süddeutschen Residenzstadt ein »Isar-Athen« zu machen. Klenze erhielt den Auftrag für die Grundplanung, die wesentlichen Bauten jedoch durfte sein ewiger Rivale

Friedrich von Gärtner dann von 1827 an entwerfen und zum Teil auch ausführen. Ludwig hatte sich von der Antike und der florentinischen Renaissance, für die Klenzes Klassizismus die Vorbilder lieferte, etwas abgewandt und favorisierte nun den mehr vom Mittelalter beeinflussten Baustil Gärtners. Hinzu kam, dass die ursprünglich geplanten, großzügigen Mietwohnungen und Stadtpalais kaum an den Mann zu bringen waren und Ludwig stattdessen nun große Verwaltungsbauten an seiner Straße ansiedelte. Friedrich von Gärtner entwarf schließlich auch das Universitätsforum zum Abschluss der Straße und die beiden **Brunnen** auf dem Platz, die nach dem Vorbild der Bernini-Brunnen auf dem Petersplatz in Rom gestaltet sind. Vom Haupteingang der Uni sehen Sie auf der gegenüberliegenden Seite links das ehemalige **Max-Joseph-Stift**, einst ein »Erziehungsinstitut für die Töchter höherer Stände«, und rechts das **Georgianum**, das ehemalige staatliche Priesterseminar der Universität, das bereits 1494 gegründet worden ist. Beide Gebäude wurden von Gärtner entworfen und nach schweren Zerstörungen im Zweiten Weltkrieg einigermaßen historisch wieder aufgebaut, von der Innenausstattung ist jedoch so gut wie nichts mehr enthalten. Ein echter Geheimtipp, selbst für Münchner, ist die **Kunstsammlung des Herzoglichen Georgianums**, die

> **Der Retter des Siegestors**
>
> In der Bombennacht vom 12. Juli 1944 erlitt auch das Siegestor schwerste Treffer. 1945 wurde von der Militärregierung beschlossen, die Ruine wegen Baufälligkeit abzureißen. Doch der amerikanische Oberst Eugene Keller setzte sich für die Erhaltung ein und konnte sich glücklicherweise durchsetzen.

nur nach Voranmeldung zu besichtigen ist und einen Streifzug durch 800 Jahre sakraler Kunst bietet.

Zum Frieden mahnend

Linker Hand sehen Sie ein Bauwerk, das symbolhaft für München steht wie vielleicht sonst nur noch die Frauenkirche: das **Siegestor**, die Grenze zu Schwabing markierend und einst als glanzvoller Abschluss der Ludwigstraße gedacht. Erbaut wurde es von 1843–1852 nach Plänen von Gärtner als abgewandelte Kopie des römischen Konstantinbogens; es war »Dem Bayerischen Heere« gewidmet und dessen überschaubaren militärischen Erfolgen, die Quadriga mit den vier Löwen und der Bavaria als Wagenlenkerin ist deshalb stadtauswärts gerichtet. Im Zweiten Weltkrieg wurde das Siegestor weitgehend zerstört, und seit der Restaurierung diente es als Mahnmal: »Dem Sieg geweiht, vom Krieg zerstört, zum Frieden mahnend« verkündet die Inschrift auf der Südseite.

Südlich der Universität kommen Sie auf der Ludwigstraße an die einstige bayerische Bergwerksadministration, in der heute Einrichtungen der Uni untergebracht sind. Der Gärtner-Bau sticht hervor durch seine dunkelrote Klinker- und Ziegelfassade, die an der Südseite noch immer die Spuren von Bombensplittern aus dem Krieg aufzeigt. Auf der anderen Seite der Einmündung der Schellingstraße steht ein weiterer früher

Gärtner-Bau, das ehemalige Blindeninstitut, das heute für Uni-Seminare genutzt wird.

An der Einmündung der Schellingstraße wechseln Sie auf die andere Seite der Ludwigstraße. Dort stehen Sie nun direkt vor der **Ludwigskirche**, wegen der es zum heftigen Streit zwischen Stadt und König gekommen ist: Denn der Münchner Magistrat weigerte sich anfangs, genervt durch Ludwigs rege Bautätigkeit und ständige Geldforderungen, den Bau finanziell zu unterstützen. Erst nach Drohungen Ludwigs, die Residenz und die Universität aus der Stadt abzuziehen, lenkte er ein. So entstand zwischen 1829 und 1838 die Kirche nach Plänen von Gärtner und mit umfangreichen Decken- und Wandgemälden von Peter Cornelius, einem Deutschrömer, den der König immer schon besonders schätzte und den er auch zum Rektor der Münchner Kunstakademie gemacht hatte. Die dreischiffige Basilika mit den charakteristischen Spitztürmen enthält übrigens auch das größte Wandfresko der Welt und übertrifft mit seinen 18 x 11 m sogar Michelangelos »Jüngstes Gericht« in der Sixtinischen Kapelle – jedenfalls, was die schieren Ausmaße betrifft.

Pompöse Dimensionen

Weiter südlich treffen Sie dann auf die **Bayerische Staatsbibliothek**, auch dies ein Gärtner-Bau, in direkter Konkurrenz entstanden zu dem anschließenden ehemaligen Kriegsministerium von Klenze, in dem heute die Bayerischen Staatsarchive untergebracht sind. Während Klenze seinen Bau an die Architektur des florentinischen Cinquecento anlehnte und ihn mit Trophäenreliefs schmückte, dachte Gärtner in pompöseren Dimensionen und ließ sich

Für das prächtige Siegestor (▶ S. 114), das die Grenze zu Schwabing markiert, diente der römische Konstantinbogen als Vorbild.

Das Gemälde, das König Ludwig I. im Krönungsornat zeigt, wurde 1826 von Joseph Stieler angefertigt und ist in der Neuen Pinakothek (▶ S. 111) zu bewundern.

für die Haupttreppe im Mittelbau beispielsweise von der »Scala dei Giganti« im venezianischen Dogenpalast inspirieren. Ansonsten ähnelt die Bibliothek von außen einem florentinischen Palazzo der Renaissance, fast das einzig spielerische Element an der Fassade ist die Freitreppe zum Eingang mit den vier Skulpturen antiker Dichter, Denker und Wissenschaftler. Sie stellen – beginnend von links – Homer, Thukydides, Hippokrates und Aristoteles dar, stellvertretend für Dichtung, Geschichtsschreibung, Heilkunst und Philosophie. Die Staatsbibliothek, kurz »Stabi« genannt, ist eine der bedeutendsten weltweit und ver-

Ludwigs letzte Ruhestätte

Der König, der München so sehr veränderte, ist begraben in einer Basilika, die er selbst in Auftrag gab: St. Bonifaz an der Karlstraße 34, einst Kirche des angrenzenden Benediktinerklosters, erbaut von dem jungen Architekten Georg Friedrich Ziebland in den Jahren 1835–1850.

fügt über knapp zehn Millionen Bände.

Weiter in Richtung Süden überqueren Sie die Von-der-Tann-Straße, ein brutaler Eingriff in die Gesamtanlage der Ludwigstraße, der schon 1936 erfolgte und gut 30 Jahre später durch den Bau des Oskar-von-Miller-Rings trotz Untertunnelung noch verschärft wurde. Nun kommen Sie in jenen Teil der Ludwigstraße, der im Wesentlichen von Klenzes Bauten bestimmt ist. Hier entstanden zwischen 1817 und 1830 einige große Wohnhäuser, auf der anderen Straßenseite noch erkennbar und an das große **Leuchtenberg-Palais** (Odeonsplatz 4) anschließend.

Nicht irgendein x-beliebiger »Italiener«: Das Café Tambosi (▶ S. 117) verdankt seinen Namen dem Urahn Giuseppe, der Hofkellermeister in Diensten Maximilians II. war.

Der imposante Palastbau entstand als Residenz für Eugène Beauharnais, den Stiefsohn Napoleons, der seit 1814 als Emigrant in München lebte. Vor dem Palais steht ein **Reiterstandbild Ludwig I.**

Auf der östlichen Straßenseite geht es weiter bis zur Galeriestraße, vorbei an einem typischen Beispiel nationalsozialistischer Verwaltungsarchitektur. Vier Wohnhäuser, von Klenze entworfen, standen hier einst. Die Nazis ließen sie abreißen, um dort bis 1939 ein »Zentralministerium« im stark vergröberten klassizistischen Stil zu bauen. Nach der Galeriestraße beginnt der Odeonsplatz mit einer Münchner Größe der Gegenwart: Denn an der Ecke hat Deutschlands berühmtester Barkeeper Charles Schumann nach vielen Jahren in der Maximilianstraße hier seine legendäre Bar **Schumann's** wiedereröffnet, und in den Abendstunden trifft man dort viele Münchner, die wichtig sind oder sich wenigstens wichtig finden. Der Bau, in dem die Bar sich befindet, geht im Ursprung ebenfalls auf Klenze zurück, der das große »Bazarhaus«, das einst hauptsächlich Geschäfte beherbergte, bis hinunter zur Residenz gebaut hat, auch den für ihn sehr typischen Torbogen, der in den Hofgarten hineinführt. Von hier aus, beim heutigen **Café Tambosi**, das seit den 1920er-Jahren unter dem Namen Café Annast berühmt war, hat man den besten und den schönsten Blick auf den Platz – insbesondere an warmen Sommernachmittagen, wenn die Sonne ihn in malerisch-mediterranes Licht taucht.

Zur Geburt des Erbprinzen

Das Odeon jedoch, das dem Platz seinen Namen gibt und das ebenfalls von Klenze erbaut worden ist, besteht heute nicht mehr. Der Fest- und Konzertsaal befand sich auf der gegenüberliegenden Seite in dem Gebäude, das heute das Bayerische Innenministerium beherbergt, und ist dem Bombenkrieg zum Opfer gefallen. Die **Theatinerkirche**, südlich davon, trägt wohl viel dazu bei, dass der Platz so italienisch wirkt, auch wenn sie nicht von Klenze stammt, sondern bereits 1688 von Enrico Zuccalli fertiggestellt wurde. Sie entstand nach dem Vorbild der römischen Mutterkirche des Theatinerordens, Sant'Andrea della Valle im Stile des Spätbarocks. Zu verdanken haben die Münchner das Gotteshaus Henriette Adelaide von Savoyen, der Gattin des Kurfürsten Ferdinand Maria. Sie hatte gelobt, bei der Geburt eines Erbprinzen eine Kirche zu stiften – und brachte dann den späteren Kurfürsten Max Emanuel zur Welt.

Krönender Abschluss

Zum platzbeherrschenden Bauwerk aber wurde letztlich die sehr viel kleinere **Feldherrnhalle**. Ironie der Geschichte: Auch sie wurde, so wie das Siegestor am anderen Ende der Straße, nicht von Klenze, sondern von Gärtner entworfen. Nach dem Vorbild der Loggia dei Lanzi in Florenz gestaltete er eine dreibogige, offene Halle, die Bronzestandbilder der Generäle Tilly und Wrede enthält und der Ludwigstraße seit ihrer Fertigstellung 1844 einen krönenden Abschluss nach Süden gibt. Die Feldherrnhalle aber sollte in Münchens

> **Sehnlicher Kinderwunsch**
>
> Henriette Adelaide und Ferdinand Maria sehnten nichts mehr herbei als einen Thronfolger. Henriette Adelaide hatte das Gelöbnis abgelegt, zu seiner Geburt die Theatinerkirche zu bauen, sie selbst bekam von ihrem Mann Nymphenburg zum Geschenk.

Geschichte noch eine unheilvolle Rolle spielen: Hierhin führte beim Hitler-Putsch 1923 der Weg der nationalsozialistischen Putschisten. Über die Residenzstraße gelangen Sie nun zum Max-Joseph-Platz, von dem aus Sie den besten Blick auf die Fassade des Königsbaus der Residenz haben, die ebenfalls wieder von Leo von Klenze entworfen wurde, diesmal nach dem Vorbild des florentinischen Palazzo Pitti. Klenze schuf auch einen Teil der prunkvollen Innenräume, die im Rahmen von Führungen besichtigt werden können. Und er baute auch das dem Königsbau gegenüberliegende Palais Törring-Jettenbach zur neuen Münchner Hauptpost um – und zwar im Stile des Findelhauses von Florenz, das von dem Renaissance-Architekten Filippo Brunelleschi entworfen worden war. Daher auch die charakteristischen Rundbogenarkaden, die wenig praktischen Sinn haben, aber von Ludwig I. gewünscht worden waren. Heute gibt es dort längst kein Postamt mehr, das Gebäude wurde entkernt, aufwendig umgebaut und an einen russischen Großinvestor verkauft. Nun sollen dort hochwertige Geschäfte und Restaurants einziehen, die der hier beginnenden Maximilianstraße als Luxusmeile sicher alle Ehre machen werden.

Über die Fortsetzung der Residenzstraße erreichen Sie die Dienerstraße und den Marienhof, an dem sich hinter dem Rathaus ein Zugang zum U-Bahnhof Marienplatz befindet.

MUSEEN

Alte Pinakothek ▶ S. 150, b 1

Ein Weltkunstmuseum: 700 Gemälde vom 14. bis zum 18. Jh.
Barer Str. 27 • www.pinakothek.de/alte-pinakothek • Di 10–20, Mi–So 10–
18 Uhr • Eintritt 7 €, So 1 €

Glyptothek und Staatliche Antikensammlungen ▶ S. 150, b 1

Ludwigs Privatsammlungen von Skulpturen und Keramiken bildeten den
Grundstock für diese beiden Museen.
Glyptothek: Königsplatz 3 • www.antike-am-koenigsplatz.mwn.de • Di–So
10–17, Do 10–20 Uhr. Antikensammlungen: Königsplatz 1 • www.antike-
am-koenigsplatz.mwn.de • Di–So 10–17, Mi 10–20 Uhr • Eintritt jeweils
3,50 €, So 1 €, Kombikarte für beide Museen 5,50 €

Kunstsammlung des Herzoglichen Georgianums ▶ S. 144, C 8

Um die 300 sakrale Kunstwerke, Gemälde, Plastiken, liturgische Geräte
und Gewänder vom 11. bis zum 19. Jh.
Professor-Huber-Platz 1 • www.herzogliches-georgianum.de • Besichtigung
nur nach tel. Voranmeldg.

ESSEN & TRINKEN

Pfälzer Weinstube in der Residenz ▶ S. 151, d 1

Münchner sind auch Weintrinker: In den großzügigen Sälen der Weinstu-
be sitzt man an Holztischen und genießt Wein aus der Pfalz und Hausmannskost wie den berühmten Saumagen.
Residenzstr. 1 • Tel. 0 89/22 56 28 und 2 42 29 10 • www.residenzwein
stube.de • tgl. 10–0.30 Uhr • €€

Schumann's ▶ S. 151, d 2

Eine Münchner Legende seit vielen Jahren: Charles Schumanns Bar ist ein
Treffpunkt für Intellektuelle, Stars und Sternchen und alle ihre Freunde.
Odeonsplatz 6–7 • Tel. 0 89/22 90 60 • www.schumanns.de; Mo–Fr 8–3,
Sa/So 18–3 Uhr • €€

Zum Franziskaner ▶ S. 151, d 3

Bayerische Traditionsgaststätte mit bodenständiger Küche. Besonders
empfehlenswert: der hausgemachte Leberkäse und die Weißwürste mit
süßem Senf und frischen Brezen.
Residenzstr. 9 • Tel. 0 89/23 18 12-0 • www.zum-franziskaner.de • tgl. 9–24
Uhr • €€

Café an der Uni ▶ S. 144, C 8

Klassisches Studentencafé mit einfachen Speisen zu zivilen Preisen.
Ludwigstr. 24 • Tel. 0 89/28 98 66 00 • www.cadu.de • tgl. 8–1 Uhr • €

SPAZIERGANG 10

Studentisches Leben im Kunstareal

Kaum ein Münchner Stadtviertel ist so lebendig wie die Maxvorstadt. Während rund um die Ludwig-Maximilians-Universität fast ausschließlich Bars, Coffeeshops, Boutiquen und Szene-Kneipen das Bild bestimmen, geht es schon ein paar hundert Meter weiter viel bunter zu: Kleine Geschäfte aller Art und Lebensmittelläden zeigen, dass hier auch viele junge Leute wohnen. Und im südlichen Teil des Stadtviertels haben sich bei den Pinakotheken im »Kunstareal« auch zahlreiche Galerien angesiedelt.

◄ Die Pinakothek der Moderne (► S. 123) enthält vier bedeutende Kunstsammlungen.

START U-Bahn: Königsplatz
ENDE U-Bahn: Universität
DAUER 2–3 Stunden

Für die erste Station Ihres Spaziergangs durch das Kunstareal und das Studentenviertel der Maxvorstadt müssen Sie den U-Bahnhof Königsplatz gar nicht verlassen. Denn der **Kunstbau des Lenbachhauses** befindet sich unter der Erde, im Zwischengeschoss des U-Bahnhofs. Die Kunsthalle ist Anfang der 1990er-Jahre in einem riesigen Hohlraum, der beim U-Bahnbau übriggeblieben ist, gebaut worden. Die fast 100 m lange, leicht geschwungene Halle wird vorwiegend für Wechselausstellungen von internationaler Kunst genutzt und gehört zur Städtischen Galerie im Lenbachhaus an der Luisenstraße, die nicht nur bedeutende Werke des »Blauen Reiter« in ihrer Sammlung hat, sondern auch Werke der internationalen zeitgenössischen Kunst und von Münchner Künstlern. Bis Mai 2013 kann man das **Lenbachhaus** allerdings nur von außen sehen – die ehemalige Künstlervilla des Malers Franz von Lenbach im toskanischen Stil wird nämlich für 50 Millionen Euro umfassend saniert und den Erfordernissen eines modernen Ausstellungshauses entsprechend umgebaut.

Ideales Terrain für Flaneure

Vom Lenbachhaus werfen Sie einen Blick in die **Richard-Wagner-Straße** mit ihren fast schon herrschaftlichen Häusern im Stil des Historismus. Das geschlossene Ensemble aus Fassaden im Stil der Spätgotik und der deutschen Renaissance ist nahezu einmalig in München und entstand zwischen 1898 und 1904. An der Südseite, bei der Brienner Straße, wo sich heute ein hochmodernes Verwaltungsgebäude aus Stahl und Glas befindet, stand früher das Münchner Wohnhaus von Richard Wagner, es wurde jedoch im Krieg zerstört.

Sie folgen nun der Brienner Straße und biegen dann rechts in die **Augustenstraße** ein. Sie ist wohl eine der lebendigsten und abwechslungsreichsten Straßen in diesem Teil der Maxvorstadt. Kleine Geschäfte wechseln sich ab mit Cafés und Restaurants, Supermärkte stehen neben Copy-Shops und Bioläden. Hier ist ein ebenso ideales Terrain für Flaneure und Müßiggänger, die genügend Möglichkeiten zum Brunch bis in den Nachmittag hinein finden, wie für Menschen, die ihren Alltagsgeschäften nachgehen oder einfach nur einkaufen müssen. So herrscht in der Augustenstraße fast den ganzen Tag über reger Betrieb, und in gewisser Weise ist das nicht ganz untypisch für die Maxvorstadt. Von anderen Münchner (Altstadt-)Vierteln unterscheidet sie sich da dann doch ein wenig, und das hat mit ihrer besonderen Struktur zusammen: Hier wohnen rund 40 000 Münchner, aber tagsüber sind fast viermal so viele Menschen im Viertel unterwegs. Sei es in den beiden **Universitäten**, der Ludwig-Maximilians-Universität und der Technischen Universität, mit ihren mehr als 100 000 Studenten oder an ihren Arbeitsplätzen. Besonders die Gastronomie hat sich darauf eingerichtet, bietet den schnellen Snack in der Mittagspause ebenso wie schöne Restaurants fürs Abendessen oder kleine Bars für das entspannende Getränk unter Kollegen nach Feierabend. Nur Szene-Clubs und In-Discos findet man hier kaum, sieht man einmal vom Maximiliansplatz ganz am südlichen Ende des Stadtbezirks ab. Die Straßen der Maxvorstadt sind, trotz aller Lebendigkeit, eben doch Wohnstraßen, und selbst der ausgehfreudigste Student hat es nicht gern, wenn im Hinterhaus bis morgens um sieben schwere Bässe wummern.

Atomares Kuriosum

Kurz vor der Kreuzung mit der Gabelsbergerstraße finden Sie gleich zwei **Galerien**, die alteingesessene Otto-Galerie auf Nummer 45 und die Galerie Karin Sachs auf Nummer 48. Von der Augustenstraße biegen Sie nach rechts in die Gabelsbergerstraße ein. Die führt in direkter Linie zur Pinakothek der Moderne, aber auf dem Weg dahin lohnen sich kleine Umwege – sei es zur Galerie Michael Heufelder, links von der Augustenstraße auf Nummer 83, oder rechts zur Ecke Gabelsberger-/Luisenstraße. Etwas südlich davon befindet sich in der Luisenstraße 37 a ein Kuriosum der Münchner Wissenschaftsgeschichte. Der kubusförmige, turmhohe Bau wirkt etwas fremdartig, und fremdartig erscheint einem heute auch, dass er in den 1950er-Jahren gebaut worden ist, damit die Technische Universität darin einen Atomreaktor zu Forschungszwecken betreiben konnte. Soweit ist es freilich nie gekommen, irgendwann stellte man noch rechtzeitig fest, dass so eine Einrichtung vielleicht nicht unbedingt mitten in der Stadt stehen sollte, und baute den Forschungsreaktor dann doch lieber in Garching, wo dann das berühmte »Atom-Ei« entstand. Die **Reaktorhalle**, innen ein beeindruckend hoher Raum auf verhältnismäßig kleiner Grundfläche, dient heute hauptsächlich der Bayerischen Theaterakademie und der Musikhochschule als Spielstätte für Studio-Produktionen; fast 200 Personen finden hier Platz. Normalerweise kann die Halle deshalb – außer bei Aufführungen – nicht besichtigt werden. Nun folgen Sie der Luisenstraße in nördlicher Richtung, biegen an der nächsten Einmündung in die Steinheilstraße ein und gelangen zu einer weiteren Galerie für zeitgenössische Kunst, die von den beiden Galeristen Gregor Nusser und Susanne Baumgart geführt wird. Bis vor wenigen Jahren waren sie noch in der Innenstadt am Beginn der Maximilianstraße angesiedelt, wie so viele andere zog es sie aber auch in das neue Museumsviertel. Über die kleine Enhuberstraße gelangen Sie zur Theresienstraße, und hier finden Sie wiederum zwei Galerien, die in München schon lange einen guten Namen haben: die von Barbara Gross, die vorwiegend Kunst von Frauen zeigt, auf Hausnummer 56, und die von Jo van de Loo, Großneffe des berühmten »Spur«-Galeristen Otto van de Loo, auf Nummer 48.

Areal der Künste

Vorbei an der Technischen Universität gelangen Sie nun zu jenen großen Museen, wegen derer dieser Teil der Maxvorstadt heute auch die Bezeichnung **Kunstareal** trägt – man will damit natürlich Assoziationen an das Berliner Museumsviertel wecken. Tatsächlich hat sich seit dem Bau der Pinakothek der Moderne ein Viertel der Künste herausgebildet; mehr als 30 Galerien sind rund um die drei Pinakotheken inzwischen angesiedelt, die meisten von ihnen kamen in den letzten Jahren aus anderen Stadtvierteln hierher, in der Hoffnung auf ein zahlungskräftiges, auch internationales, kunstsinniges Publikum. Und die Entwicklung geht weiter in diese Richtung: mit dem **Museum Brandhorst** und der für 2013 geplanten Eröffnung des Neubaus der **Ägyptologischen Staatssammlung**, die bisher eher notdürftig in der Residenz untergebracht ist, sowie der bereits umgezogenen **Filmhochschule**. Von der Theresienstraße gehen Sie zum begrünten Vorplatz der **Alten Pinakothek**. Der kleine Park ist im Sommer ein beliebter Treffpunkt von Studenten, die hier für die nächste Klausur pauken oder einfach nur zwischen

den Vorlesungen die Sonne genießen wollen. Von hier sehen Sie im Süden die schmalen, charakteristischen Säulen der **Pinakothek der Moderne**, die Sie erreichen, sobald Sie die Barerstraße überqueren. Der 2002 eröffnete Bau nach dem Entwurf von Stephan Braunfels enthält gleich vier große Sammlungen: die Staatsgalerie moderner Kunst, die bedeutende Werke vor allem des 20. Jh. aufweist, das Designmuseum Neue Sammlung mit seinen rund 60 000 Objekten der angewandten Kunst, die Staatliche Graphische Sammlung mit ihren rund 400 000 Zeichnungen und Grafiken von Leonardo da Vinci bis hin zu Paul Cézanne und zeitgenössischen Künstlern, und schließlich noch das Architekturmuseum der Technischen Universität, die größte Spezialsammlung ihrer Art in Deutschland, mit 350 000 Architektenzeichnungen und gut 500 Modellen. Jede dieser Sammlungen ist für sich ein Museum von Weltrang, und

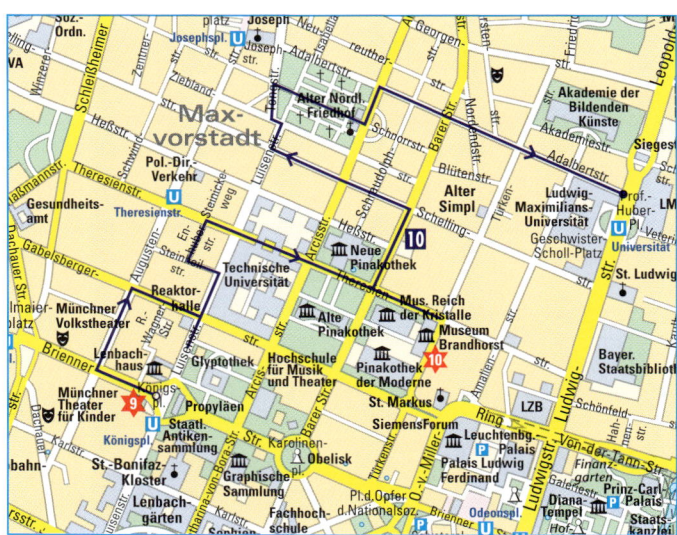

Plakative Formensprache: Installation des Künstlers Karim Rashid in der Modernen Sammlung der Pinakothek der Moderne (▸ S. 123).

natürlich können in der Pinakothek der Moderne nur Bruchteile der einzelnen Kollektionen gezeigt werden.

Neuzugang in Sachen Kunst

Trotz der beeindruckenden Größe des Museums herrscht nach wie vor Raumnot. Ein eigentlich schon beschlossener Ergänzungsbau lässt bis heute auf sich warten. Grund dafür ist, dass es der Bayerischen Staatsregierung gelang, die bedeutende Privatsammlung von Udo und Annette Brandhorst an die Isar zu holen. Sie gab es freilich nicht ohne ein eigenes Museum, und so wurde das **Museum Brandhorst** 🔟 im Frühjahr 2009 in unmittelbarer Nähe der Pinakothek der Moderne eröffnet – eben dort, wo eigentlich die Pinakothek ihre Erweiterung finden sollte. Nun steht dort ein anderer Museumsneubau nach dem Entwurf der Londoner

Architekten Matthias Sauerbruch/ Louisa Hutton. Die Fassade mit den charakteristischen Farbstreifen sieht man am besten von der Türkenstraße aus, drinnen werden auf 3200 qm Ausstellungsfläche an die 700 Exponate zeitgenössischer Kunst gezeigt – zum Teil sehr bedeutende Werkgruppen von Cy Twombly, Pablo Picasso, Bruce Nauman, Mike Kelley und Andy Warhol.

Rund um die Pinakothek der Moderne findet sich logischerweise die stärkste Konzentration von Galerien im Kunstareal, und deshalb lohnt es sich, den Straßenzug Gabelsberger-, Türken- und Theresienstraße einmal abzugehen. Von der Galerie Barbara Ruetz (Gabelsbergerstraße 7) führt der Weg in die Türkenstraße mit der Galerie Andreas Grimm (Türkenstraße 11) hin zur Architekturgalerie auf Nummer 20. Sie ist eine der wenigen, die bereits vor der

Im 2009 eröffneten Brandhorst Museum (▶ S. 124) haben die Stifter weit mehr als 700 Werke zeitgenössischer Künstler zusammengetragen.

Pinakothek der Moderne im Viertel war und zeigt vorwiegend Architektenporträts mit Modellen und Zeichnungen. An der Türkenstraße 23 hat Bernd Klüser, einer der dienstältesten und wichtigsten Münchner Galeristen, der bedeutende internationale Künstler unter Vertrag hat, eine Filiale eingerichtet, die Galerie Klüser 2. Sein Stammhaus befindet sich in der Georgenstraße 15 am Nordrand der Maxvorstadt. Verweilen Sie noch ein wenig in der quirligen Türkenstraße mit ihren Galerien, Boutiquen und Cafés. Gegenüber dem Anwesen Türkenstraße 22 befindet sich das sogenannte Türkentor. Es ist das letzte Überbleibsel der 1826 erbauten Türkenkaserne, auf deren Areal heute die Pinakothek der Moderne und das Museum Brandhorst stehen.

Auch im Türkentor wird seit seiner Renovierung 2010 wieder Kunst präsentiert: Dort ist das Werk »Large Red Sphere« von Walter de Maria aus der Sammlung Brandhorst ausgestellt.

Über die Theresienstraße gelangen Sie nun wieder zurück zur Barerstraße. Hier wenden Sie sich nach Norden, gehen an der Neuen Pinakothek vorbei. Auf der westlichen Straßenseite finden Sie einen Neubau auf Nummer 37. Hier im Hinterhof hat der Schriftsteller Oskar Maria Graf

> **Ein Musterhaus**
>
> An der Ecke Theresien-/ Türkenstraße steht ein Wohngebäude, das nach den Plänen des Architekten Sep Ruf in den Jahren 1951/52 errichtet wurde und bis heute als mustergültig und wegweisend für die Nachkriegsarchitektur galt: Alle Wohnungen besitzen Räume mit großen Fensterflächen und Südbalkonen.

zwischen 1918 und 1929 gewohnt und seine berühmt-berüchtigten »Atelierfeste« gefeiert, in Anlehnung an die ausschweifenden Feierlichkeiten der Schwabinger Boheme. Dass es dabei durchaus freizügig und lustig zugegangen sein dürfte, kann man Grafs Party-Motto: »Hier herrscht Sexualdemokratie, bitte!« entnehmen. An der nächsten Kreuzung erreichen Sie die nach dem berühmten Philosophen und Professor an der Universität München benannte **Schellingstraße**. Hier befinden Sie sich wieder in dem eher studentisch geprägten Teil des Viertels.

> **Der »Roncalliplatz«**
>
> Der Platz, auf dem heute die Pinakothek der Moderne steht, ist bei vielen Münchnern noch bekannt als »Roncalliplatz«, obwohl er nie offiziell so hieß. Der Name kommt daher, weil auf der Freifläche früher ein Standplatz für Zirkusse war und eben auch für den bekannten Circus Roncalli, der mehrmals hier gastierte.

Rechtwinkeliges Straßenmuster

Eigentlich ist die Maxvorstadt ein ziemlich überschaubares Stadtviertel, was schon an seiner Grundkonzeption liegt. Im Wesentlichen wurde sie zwischen 1805 und 1810 unter König Maximilian I. geplant – und später dann unter Ludwig I. ab 1825 auch weitgehend so bebaut. Der Landschaftsarchitekt Friedrich Ludwig von Sckell, der im Englischen Garten seiner Fantasie so sehr freien Lauf ließ, setzte ganz im Gegensatz dazu im Gebiet zwischen Innenstadt und Schwabing auf ein streng rechtwinkliges Muster von Straßen, die jeweils Rechtecke von 230 auf 190 m einfassten. Hier, so stellte Sckell sich das vor, sollten herrschaftliche Villen und Wohnhäuser für die höheren Beamten gebaut werden, die das neue Königreich Bayern ja brauchte.

Doch als die Stadt dann stark zu wachsen begann, war der Grund in Innenstadtnähe dann doch zu teuer für Beamtenvillen, und so wurden in der Maxvorstadt viele Mietshäuser für das einfachere Volk gebaut. Noch heute ist der Anteil vergleichsweise günstiger Ein- und Zweizimmerwohnungen im Viertel hoch, was auch erklärt, warum so viele 20- bis 30-Jährige hier leben. Das hat natürlich auch eine entsprechende Struktur des Viertels zur Folge, die im Wesentlichen der in der Augustenstraße ähnelt. Teure Luxushotels und allzu edle Speiselokale findet man hier kaum einmal. Dafür aber günstige Pensionen mit eingeschränktem Komfort, die aber ihren gewissen Reiz haben und oft ein interessantes Publikum anziehen.

Billard und Biertisch-Philosophen

Freilich gibt es in der Maxvorstadt, trotz gewaltiger Zerstörungen im Zweiten Weltkrieg, auch noch eine Reihe historischer Orte zu sehen. Das Eckhaus Schelling-/Barerstraße etwa, an dem Sie von den Pinakotheken her angekommen sind, beherbergt ein Münchner Traditionslokal, das wohl zu den bekanntesten der Stadt zählen dürfte: den **Schelling-Salon**. Gastronomisch gesehen gehört er sicher nicht zu den Offenbarungen des Viertels: Leberkäs, Paprikahuhn und Schinkennudeln bestimmen die Speisekarte, aber das seit 1872 in Familienbesitz befindliche Lokal hat seinen eigenen Charme. 1911 wurde es im Stil eines Wiener Café-Restaurants umgebaut, seitdem stehen Billardtische im Schelling-Salon, später kamen dann Tischtennisplatten im Keller dazu. Der Treffpunkt für Spieler und Biertisch-Philosophen zog früh illustres Publikum an; Hitler soll hier gerne eingekehrt sein, aber auch Lenin und Brecht, Rilke und Kandinsky waren häufiger da.

Sie folgen nun der Schellingstraße in Richtung Westen. Auch hier wieder der Hauch der Geschichte: Die Osteria Italiana an der Ecke Schraudolphstraße war bei ihrer Eröffnung 1890 das erste italienische Restaurant in München und hieß damals noch »Osteria Bavaria«. Sie war auch damals schon ein besseres Restaurant, und Adolf Hitler führte in den 1920er-Jahren seine Gönner aus gutbürgerlichen Kreisen hierhin aus.

Auf der gegenüberliegenden Seite, in der Schellingstraße 49, befindet sich übrigens das Geburtshaus von Franz Josef Strauß. Der berühmteste bayerische Politiker und CSU-Vorsitzende wurde hier am 6. September 1915 als Sohn des Metzgermeisters Franz Strauß geboren.

Freizeitoase Friedhof

Über die Luisen- und die Tengstraße gelangen Sie zum **Alten Nördlichen Friedhof**. Der wurde zwischen 1866 und 1869 nach Plänen von Arnold Zenetti angelegt und war die letzte Ruhestätte für viele berühmte Münchner Künstler, Schriftsteller und Wissenschaftler. Unter anderem sind Gottfried Neureuther, der Architekt der Kunstakademie, und der Landschaftsmaler Carl August Lebschée hier beigesetzt, der Verleger Rudolf Oldenbourg, der Erfinder Wilhelm Bauer, der das erste Unter-

Im Traditionslokal Schelling-Salon (▶ S. 126), einem Dorado für Billardspieler, verkehrten schon Größen wie Lenin, Rilke und Kandinsky.

Der Alte Nördliche Friedhof (▶ S. 127) ist zugleich ein beschaulicher Park. Jogger und Spaziergänger sind hier keine Seltenheit.

seeboot entwarf, und die Unternehmer Georg Krauss und Joseph Anton von Maffei, die für die Industrialisierung Münchens stehen und für den Maschinenbau- und späteren Rüstungskonzern Krauss-Maffei. Zum Teil schmücken sehr aufwendige Grabdenkmäler mit schönen Skulpturen den Friedhof, auf dem schon seit 1939 nicht mehr bestattet wird. Heute ist er eine der wenigen grünen Oasen in der dicht bebauten Maxvorstadt, und an warmen Sommertagen sieht man auf den Wiesen weitaus mehr Jogger, Spaziergänger, Mütter mit Kinderwägen, spärlich bekleidete Sonnenhungrige und Studenten, die sich auf die nächste Prüfung vorbereiten, als Grabsteine.

Sie verlassen den Alten Nördlichen Friedhof beim Haupteingang an der Arcisstraße und wenden sich nach links. An der Adalbertstraße gehen Sie nach rechts und folgen ihr nun in Richtung Osten. Hier können Sie den Übergang vom reinen Wohnviertel bis zur quirligen Uni-Gegend anhand eines einzigen Straßenzugs sehr schön nachvollziehen. Zu Beginn sieht man fast nur Wohngebäude im Stile der Fünfziger- und Sechzigerjahre des letzten Jahrhunderts, denn große Teile der Straße fielen dem Bombenkrieg zum Opfer. Doch schon nach knapp 100 m wandelt sich das Bild, kleine Läden und Kneipen säumen die Straße, Copy-Shops und Ladenbüros. Je mehr man sich der Ludwigstraße nähert, desto belebter wird es hier im Umfeld der Universität, die ganz am Ende der Adalbertstraße ihren Hauptsitz hat. Kurz davor, an der Kreuzung mit der Amalienstraße, sieht man links die Kunstakademie. An der Einmündung in die Ludwigstraße liegt dann rechts um die Ecke der Zugang zum U-Bahnhof Universität.

MUSEEN

Unterwegs im Kunstareal ▸ S. 150, c 1

Über das Ausstellungsprogramm in den Museen und Galerien informiert das zweimonatlich erscheinende Faltblatt »Galerien München«, das in der Stadtinformation im Rathaus und in den Münchner Galerien kostenlos erhältlich ist.

ESSEN & TRINKEN

Osteria Italiana ▸ S. 144, B 8

Italienische Küche der gehobenen Mittelklasse im Ambiente der Gründerzeit und mit schönem Innenhof.
Schellingstr. 62 • Tel. 0 89/2 72 07 17 • www.osteria.de • Mo–Sa 12–14.30 und 18.30–23 Uhr • €€€

Max-Emanuel-Brauerei ▸ S. 144, B 8

Traditionslokal im Herzen der Maxvorstadt; besonders beliebt ist der Biergarten im Hinterhof.
Adalbertstr. 33 • Tel. 0 89/2 71 51 58 • www.max-emanuel-brauerei.de • April–Okt. 11–1 (Biergarten bis 23 Uhr), Nov.–März 17–1, Fr bis 3 Uhr • €€

Schmock ▸ S. 150, a 1

Jüdische und orientalische Spezialitäten in einem Lokal mit Witz und Pfiff.
Augustenstr. 52 • Tel. 0 89/52 35 05 35 • www.schmock-muenchen.de • Tagesbar Mo–Fr 11.30–18, Sa/So 10–18, Restaurant tgl. 18–1 Uhr • €€

Ballabeni ▸ S. 150, c 1

Gegenüber dem Brandhorst-Museum liegt das Eiscafé Ballabeni, erkennbar an der fast immer furchtbar langen Schlange davor. Giorgio Ballabeni hat es geschafft, die Münchner mit Eissorten wie Milch-Feige oder Zitrone-Basilikum zu verzaubern.
Theresienstr. 46 • Tel. 0 89/18 91 29 43 • www.ballabeni.de • tgl. 11.30–22.30 Uhr • €

Dean & David ▸ S. 144, C 8

Salatbar und Fast Food mit Anspruch: frisch und gesund und zum Selberzusammenstellen.
Schellingstr. 13 • Tel. 0 89/33 09 83 17 • www.deananddavid.de • Mo–Fr 8–22, Sa/So 10–21 Uhr • €

Schelling-Salon ▸ S. 144, B 8

Hausmannskost für Billard-, Schach- und Tischtennisspieler in angenehm altmodischer Kaffeehausatmosphäre.
Schellingstr. 54 • Tel. 0 89/2 72 07 88 • www.schelling-salon.de • Do–Mo 10–1 Uhr • €

Reisepraktisches von A–Z

Hier finden Sie nützliche Informationen und Hoteladressen für einen rundum gelungenen Aufenthalt in München: Anreise und Ankunft • Auskunft • Buchtipps • Hotels • Feiertage • Führungen • Internet • Kartenvorverkauf • Medizinische Versorgung • Notruf • Post • Reisedokumente • Reisewetter • Zoll

◄ Der Trachtenumzug des Oktoberfestes führt durch die Innenstadt und an der Theatinerkirche (▶ S. 118) vorbei.

AMTSSPRACHE: Deutsch
BEVÖLKERUNG: 78 % Deutsche, 22 % Ausländer, davon 40 % aus EU-Staaten
EINWOHNER: 1 431 600
FLÄCHE: 31 034 ha
INTERNET: www.muenchen.de
RELIGION: überwiegend römisch-katholisch
VERWALTUNG: 25 Stadtbezirke

ANREISE

MIT DEM AUTO

Aus allen Himmelsrichtungen führen Autobahnen nach München: Von Lindau und Garmisch, Salzburg und Innsbruck, Passau, Nürnberg oder Stuttgart erreicht man die bayerische Landeshauptstadt vier- oder sechsspurig. Informationen über die besten City-Zufahrten, Parkmöglichkeiten und Transitstrecken gibt es bei den Lotsenstationen am Ende der Autobahnen A 8 (Stuttgart bzw. Salzburg) und beim **ADAC-Info-Service:**
Tel. 0 18 05/10 11 12

MIT DER BAHN

Der Münchner **Hauptbahnhof** ist Knotenpunkt für Züge aller Art (auch IC und ICE) aus allen Richtungen – internationale vor allem auch nach Italien und Südosteuropa. Information und Fahrkartenverkauf im Reisezentrum in der Halle. Direkt darüber, auf der Galerie, haben die internationalen Mietwagenverleiher ihre Büros. Unterhalb der Haupthalle (in Ankunftsrichtung links) befindet sich der **S-Bahnhof**, Station für alle S-Bahn-Linien. Der Hauptbahnhof ist auch Kreuzungspunkt mehrerer U-Bahn-Linien.

Taxi-Standplätze befinden sich – in Ankunftsrichtung – vor sowie links und rechts neben dem Bahnhof. **Telefonische Zugauskunft** unter Tel. 01 80/5 99 66 33. Kostenlose Fahrplanauskunft auch unter Tel. 08 00/1 50 70 90.

MIT DEM FLUGZEUG

München, zumindest das offizielle, ist stolz auf seinen Flughafen im Erdinger Moos, genauer gesagt, den München–Flughafen »Franz Josef Strauß«. Anfang der 1990er-Jahre eröffnet, ist er ein knappes Jahrzehnt lang der modernste Airport Europas gewesen und in Deutschland nach dem Rhein-Main-Flughafen in Frankfurt der zweitgrößte.

Das alles tröstet leider nicht darüber hinweg, dass trotz guter **Verkehrsanbindung** die Innenstadt rund 30 km entfernt ist. Mit dem Auto (Taxi oder Leihwagen) kommt man praktisch nur über die stauanfällige A 9 ins Zentrum und sollte mit einer durchschnittlichen Fahrzeit von 45 Min. rechnen.

Für eine **Taxifahrt** zum Hauptbahnhof muss man zwischen 56 und 60 € einkalkulieren! Zumindest billiger ist es mit dem **Lufthansa Airport Bus** (einfach 10,50 €, Rückfahrkarte 17 €), der zwischen 5.10 und 19.50 Uhr alle 20 Min. verkehrt. Ankunft (wie Abfahrt): Arnulfstraße, Hbf.-Nord. Fahrzeit ca. 40 Min.

Am schnellsten ist die S-Bahn (S 1 und S 8). Die Fahrzeit beträgt ab Hauptbahnhof jeweils ca. 40 Min. Eine Einzelfahrt kostet 10,40 €, mit Streifenkarte (8 Streifen) fährt man etwas günstiger (10 €). Das Airport-

City-Day-Ticket (Single) kostet 11,20 € und in der Partnerversion (für bis zu fünf Personen) 20,40 €.
Auf www.atmosfair.de und www.myclimate.org kann jeder Reisende durch eine Spende für Klimaschutzprojekte für die CO_2-Emission seines Fluges aufkommen.

AUSKUNFT

IN ÖSTERREICH UND SCHWEIZ

Deutsche Zentrale für Tourismus

Mariahilfer Str. 54 • 1070 Wien • Tel. 01/5 13 27 92 • www.deutschland-tourismus.at

Deutsche Zentrale für Tourismus

Talstr. 62 • 8001 Zürich • Tel. 044/2 13 22 00 • www.deutschland-tourismus.ch

IN MÜNCHEN

Fremdenverkehrsamt der Landeshauptstadt München

Postanschrift: 80331 München • Tel. 23 39 65 00 • (auch Call-Center zur Hotelreservierung) • www.muenchen-tourist.de

Tourist-Information

– Am Hauptbahnhof, Bahnhofsplatz 2 • U-/S-Bahn: Hauptbahnhof • Mo–Sa 9–20, So 10–18 Uhr

▶ S. 150, a 3

– Am Marienplatz, im Neuen Rathaus • U-/S-Bahn: Marienplatz • Mo–Fr 10–20, Sa 10–16, So 10–14 Uhr

▶ S. 150/151, cd 4

BUCHTIPPS

Max Bronski: Nachtnebel (Piper, 2009) Immobilienspekulation, betrunkene Landtagsabgeordnete und ein Mord: In Max Bronskis München-Krimi betätigt sich ein Trödelhändler erfolgreich als Detektiv.

Ponkie: München leuchtet (Langen-Müller, 2008) München leuchtet? (Zitat Thomas Mann) – bei Ponkie nicht! Die Film- und TV-Kritikerin der Münchner »Abendzeitung« veröffentlicht unter Pseudonym, was nicht in unserem Reiseführer stehen darf. Man fragt sich nur, ist eigentlich München böse oder nur die Autorin? Jedenfalls trifft sie meistens den Punkt, wo es ein bisschen, also schön wehtut.

Christian Ude: Stadtradeln (dtv, 2000) Eine ungenierte Liebeserklärung an München, geschrieben vom Oberbürgermeister Christian Ude – und ein vergnügliches Plädoyer fürs Radfahren obendrein.

Außerdem sind zu München ein MERIAN-*Reiseführer* (Travel House Media, 2012) und ein MERIAN-Magazin (Travel House Media, 2006) im Handel erhältlich.

DIPLOMATISCHE VERTRETUNGEN

Österreichisches Generalkonsulat   ▶ S. 149, E 13

Bogenhausen • Ismaninger Str. 136 • Tel. 99 81 50 • www.bmeia.gv.at/botschaft/gk-muenchen.html

Schweizerisches Generalkonsulat   ▶ S. 150, a 1

Maxvorstadt • Brienner Str. 14 • Tel. 2 86 62 00 • www.eda.admin.ch/muenchen

FEIERTAGE

1. Jan. Neujahr
6. Jan. Heilige Drei Könige
Karfreitag
Ostermontag
1. Mai Tag der Arbeit
Christi Himmelfahrt
Pfingstsonntag
Pfingstmontag

Fronleichnam
15. Aug. Mariä Himmelfahrt
3. Okt. Tag der deutschen Einheit
1. Nov. Allerheiligen
25./26. Dez. 1./2. Weihnachtsfeiertag

HOTELS

Mit über neun Millionen Übernachtungen ist München nach Berlin die Nummer zwei unter den Fremdenverkehrszentren. In Europa wird es nur von Paris, London und Rom übertroffen.

Ausgebucht ist die Stadt regelmäßig in den beiden Oktoberfestwochen sowie während der wichtigsten Messen. Viele der größeren Häuser bieten günstige Wochenend-Arrangements an.

Preise für ein Doppelzimmer mit Frühstück:

€€€€ ab 200 €	€€ ab 100 €
€€€ ab 150 €	€ bis 100 €

HOTELS €€€€

Teuer sind sie alle, aber ein jedes hat darüber hinaus seine Eigenheiten. Auf die sollten Sie achten, auch wenn Geld ausnahmsweise mal keine Rolle spielt. Übernachtung ohne Frühstück etwa ab 200 €. Doch in stilleren Zeiten ist der Spielraum nach unten ansehnlich.

Bayerischer Hof   ▸ S. 150, c 3

Hoher Unterhaltungswert · Feine Leute finden das Publikum, das die Hotelhalle als Laufsteg versteht, »halbseiden« – zu viele Möchtegern-Promis und allerlei aufgebrezelte Dämchen! Der Unterhaltungswert zumindest ist beträchtlich. Aber der über drei Stockwerke ausschweifend dimensionierte Wellness-/Spa- und Fitnessbereich überzeugt auch ein-

schlägige Muffel. Die Restaurants (Garden und Atelier, Trader Vic's, Palais-Keller sowie die berühmte falk's-Bar und der gute alte Night-Club) setzen Maßstäbe.
Altstadt · Promenadeplatz 2 · U-/ S-Bahn: Marienplatz · Tel. 2 12 00 · www.bayerischerhof.de · 373 Zimmer · &. · ✿ · €€€€

Kempinski Hotel
Vier Jahreszeiten   ▸ S. 151, e 4

Traditionsreicher Luxus · Es war einmal … Münchens beste Hoteladresse. Vom Glanz besserer Zeiten künden noch die große Glasrotunde in der Lobby und das souveräne Empfangspersonal. Ansonsten kämpfen die oft wechselnden Direktoren mit unterschiedlichem Erfolg gegen den »Zahn der Zeit« an. Wunderschöne Bankett-Räume, auch für kleinere Veranstaltungen. Das Beste am Haus ist jedoch die Lage! Den Austritt auf die Maximilianstraße kann man allerdings auch genießen, wenn man hier nur in der Lobby einen Kaffee getrunken hat.
Altstadt · Maximilianstr. 17 · U-Bahn: Odeonsplatz · Tel. 2 12 50 · www. kempinski-vierjahreszeiten.de · 308 Zimmer · &. · ✿ · €€€€

Louis Hotel   ▸ S. 151, d 5

Am Markt · Wer Luxus-Design-Hotels schätzt, in denen alles möglichst originell und ausgesucht sein soll, der ist hier gut untergebracht. Das Hotel definiert sich als »perfekter Zufluchtsort für Kosmopoliten«. Echte Kosmopoliten bestehen auf einem Zimmer mit Blick auf den Viktualienmarkt, denn der ist wirklich einzigartig am Hotel. Im Restaurant speist man japanisch; die Köche haben in Tokio gelernt.

Altstadt • Viktualienmarkt 6 •
U-/S-Bahn: Marienplatz • Tel. 41 11
90 80 • www.louis-hotel.com •
72 Zimmer • 🚶 • 🛏 • €€€€

The Charles Hotel ▶ S. 150, a 2

Weltläufiger Luxus • Es ist ein schönes Kompliment an die Stadt, dass der Londoner Sir Rocco Forte ausgerechnet in München eines seiner feinen, individuellen Luxus-Hotels errichtet hat. Nicht weit vom Hauptbahnhof und dennoch in absolut ruhiger Lage erwarten den Gast großzügige Zimmer in schnörkelloser Eleganz, ein 15-m-Hotelpool und – als Hommage an den Standort – 17 Originalgemälde des Münchner Malers Franz von Lenbach.
Bahnhofsviertel • Sophienstr. 28 •
U-Bahn: Königsplatz • Tel. 5 44
55 50 • www.charleshotel.de •
160 Zimmer • 🚶 • 🛏 • €€€€

HOTELS €€€
Admiral ▶ S. 151, a 5

Vis-à-vis Patentamt • Eine anmutige Preziose in nüchterner Umgebung, nicht weit von der Isar. Individuelle Zimmer und ein hübscher begrünter Innenhof, in dem man wunderbar frühstücken kann. Im Hause herrschen (gewollt) altmodische Pracht und opulente Dekorationen. Wer das zu schätzen weiß, kommt immer wieder.
Isarvorstadt • Kohlstr. 9 • S-Bahn:
Isartor • Tel. 21 63 50 • www.hotel-admiral.de • 33 Zimmer • 🚶 • 🛏 •
€€€

An der Oper ▶ S. 151, d 4

Hier weht Theaterluft! • Traditionelles Stammquartier für Leute, die aktiv oder passiv mit den Theatern in der Nachbarschaft zu tun haben. Zierlich möblierte Zimmer. Es herrscht bereits eine künstlerische Atmosphäre, die nicht erst mühsam herbeigeredet oder -dekoriert werden muss!
Altstadt • Falkenturmstr. 10 • U-/S-Bahn: Marienplatz • Tel. 2 90 02 70 •
www.hotelanderoper.de •
61 Zimmer • 🛏 • €€€

Eden-Wolff ▶ S. 150, a 2

Beste bürgerliche Tradition • Gegenüber Hauptbahnhof und Airport-Bus Terminal. Gehört in seiner Klasse schon seit Jahren zu den bestgeführten Häusern Münchens.
Bahnhofsviertel • Arnulfstr. 4–8 •
U-/S-Bahn: Hauptbahnhof •
Tel. 55 11 50 • www.ehw. de •
210 Zimmer • 🛏 • €€€

Insel-Mühle
▶ S. 142, nordwestl. A 1

Romantisch am Wasser • Bislang das einzige Hotel der Romantik-Gruppe in München. Eine originalgetreu renovierte einstige Fachwerk-Kornmühle am Flüsschen Würm. Romantischer Biergarten unter schönen alten Kastanien, direkt am Wasser gelegen. Auch eine Küche von beachtlicher Qualität macht die Außenlage im Vorort Untermenzing mehr als wett.
Untermenzing • Von-Kahr-Str. 87 •
S-Bahn: Untermenzing, Bus: Von-Kahr-Straße • Tel. 8 10 10 • www.
inselmuehle-muenchen.de • 37 Zimmer • 🚶 • 🛏 • €€€

Olympic ▶ S. 150, b 6

Immer noch ein Geheimtipp • Kleines Stadthotel mit Charme und flexiblen Preisen im boomenden Gärtnerplatzviertel. Engagiertes Personal kümmert sich um das Wohl der Gäste und gibt präzise Kommentare

zu den Kneipen und Lokalen rings-
um. Die meisten Zimmer liegen zum
ruhigen Innenhof. Schade, dass es
solche angenehmen Häuser in München so selten gibt!

Isarvorstadt • Hans-Sachs-Str. 4 •
U-Bahn: Sendlinger Tor • Tel.
23 18 90 • www.hotel-olympic.de •
30 Zimmer • 🐾 • €€€

Opéra   ▶ S. 151, e 3

Hübsch gelegen • Schönes, traditionsreiches Haus mit sehr persön-
licher Atmosphäre, Antiquitäten in
anheimelnden Zimmern, maleri-
scher italienischer Innenhof und
eine zauberhafte Sgraffitto-Fassade.
Zentrale Lage.

Lehel • St.-Anna-Str. 10 • U-Bahn:
Lehel • Tel. 2 10 49 40 • www.hotel-
opera.de • 25 Zimmer • 🐾 • €€€

Preysing   ▶ S. 149, E 14

Zu Fuß ins Konzert • Nahe dem Gasteig gelegenes Haus, das sich durch
individuelle Atmosphäre und über-
durchschnittlichen Service einen
treuen Kreis von Stammgästen geschaffen hat.

Haidhausen • Preysingstr. 1 • S-Bahn:
Rosenheimer Platz • Tel. 45 84 50 •
www.hotel-preysing.de • 62 Zimmer •
🐾 • €€€

Ritzi   ▶ S. 149, E 14

Junges, engagiertes Team • Gutes
Stadthotel im noblen Stadtteil Bo-
genhausen. Nicht weit zur Isar. Jun-
ges Team, international gestylte
Zimmer im Asien-, Marine- oder
Kolonialstil, Bistro mit interessanter
Crossover-Küche.

Bogenhausen • Maria-Theresia-
Str. 2a • U-Bahn: Max-Weber-Platz •
Tel. 4 14 24 08 90 • www.hotel-ritzi.
de • 25 Zimmer • 🐾 • €€€

HOTELS €€€ BIS €€
Splendid-Dollmann
▶ S. 151, f 3/4

Kultivierte Atmosphäre • Kleines,
gepflegtes Privathotel für Individua-
listen, die Freude an kultivierter
Einrichtung und Antiquitäten haben. Bezaubernder Salon mit Bibliothek, man mag das Haus gar nicht
mehr verlassen. Winziger, charman-
ter Garten.

Lehel • Thierschstr. 49 • U-Bahn:
Lehel • Tel. 23 80 80 • www.hotel-
splendid-dollmann.de • 35 Zimmer •
🐾 • €€ bis €€€

Torbräu   ▶ S. 151, e 5

Tradition seit Jahrhunderten • Gut
geführtes Haus am Isartor. Ruhige
Zimmer und sympathischer Service.
Ein italienisches Restaurant mit einem Café und einer Confiserie gehört auch dazu.

Altstadt • Tal 41 • S-Bahn: Isartor •
Tel. 24 23 40 • www.torbraeu.de • 91
Zimmer • 🐾 • €€ bis €€€

HOTELS €€
Am Markt   ▶ S. 151, d 5

Idyllischer Altstadtwinkel • An einem der letzten Altmünchner Plätze
beim malerischen Viktualienmarkt.
Es gibt auch einfache Zimmer mit
Etagendusche/WC.

Altstadt • Heiliggeiststr. 6 • U-/S-
Bahn: Marienplatz • Tel. 22 50 14 •
www.hotel-am-markt.eu • 32 Zimmer • 🐾 • €€

Deutsche Eiche   ▶ S. 150, c 6

»**Eigentlich**« nur für Männer • Das
Hotel hat nicht nur eine Vergangenheit, für die der Name des Stamm-
gastes Rainer Werner Fassbinder
steht, sondern auch eine ansehnliche
Gegenwart. Die Lage ist ausgespro-

chen attraktiv, das Restaurant für seine Küche und als beliebter Schwulen-Treff bekannt. Nur für Herren ist das große Bade- und Saunahaus. Isarvorstadt • Reichenbachstr. 13 • U-Bahn: Fraunhoferstraße • Tel. 2 31 16 60 • www.deutsche-eiche. com • 26 Zimmer • €€€

Schlicker »Zum goldenen Löwen« ▸ S. 151, d 5

Alt-Münchner Atmosphäre • Einer der wenigen Traditionsgasthöfe im Tal, die überlebt haben. Anpassung an die Gegenwart erfolgt nicht mit übertriebener Beflissenheit. Marienplatz und Viktualienmarkt sind gleich um die Ecke. Altstadt • Tal 8 • U-/S-Bahn: Marienplatz • Tel. 2 42 88 70 • www.hotelschlicker.de • 70 Zimmer • 🐾 • €€€

HOTELS € BIS €€

Blauer Bock ▸ S. 150, c 5

Über 400 Jahre alt • Schritt für Schritt ist das unter Denkmalschutz stehende Haus renoviert worden. Die Zimmer auf vier Etagen mit modernem Komfort haben Blick auf den ruhigen Innenhof, den romantischen Sebastiansplatz oder auf die Türme der Altstadt. Für mehr oder weniger mittellose (Lebens-)Künstler hält das Hotel auch einige einfache Zimmer ohne Bad bereit. Zum Haus gehört aber auch ein Gourmet-Restaurant. Altstadt • Sebastiansplatz 9 • U-/S-Bahn: Marienplatz • Tel. 23 17 80 • www.hotelblauerbock.de • 75 Zimmer • 🐾 • € bis €€

Leopold ▸ S. 145, D 6

Beste Familientradition • Ein gut funktionierendes, verkehrsgünstig gelegenes Haus im Norden Schwa-

bings. Die Zimmer zum Innenhof sind ruhig. Schwabing • Leopoldstr. 119 • U-Bahn: Münchner Freiheit • Tel. 36 70 61 • www.hotel-leopoldmuenchen.de • 75 Zimmer • ♿ • 🐾 • € bis €€

Mariandl ▸ S. 148, A 14

Ehrwürdiger Gründerzeitbau • Im Klinikviertel, daher von der medizinischen Zunft (ohne Chefarzt-Einkünfte) bevorzugt. Schöne Parkettböden. Das legendäre Musikcafé am Beethovenplatz, das mittlerweile einzige seiner Art, gehört dazu. Ludwigsvorstadt • Goethestr. 51 • U-Bahn: Goetheplatz • Tel. 5 52 91 00 • www.mariandl.com • 30 Zimmer • € bis €€

HOTELS €

Am Viktualienmarkt ▸ S. 148, c 5

Münchnerisch durch und durch • Im Familienbetrieb kümmern sich Mutter und Tochter mit viel Herz um ihre Gäste. Es gibt kleine, gut ausgestattete Zimmer und ein üppiges Frühstücksbuffet, das von einem Hofgut am Bodensee bestückt wird. Isarvorstadt • Utzschneiderstr. 14 • U-/S-Bahn Marienplatz • Tel. 23 11 09-0 • www.hotel-am-viktualienmarkt.de • 27 Zimmer • 🐾 • €

INTERNET

www.muenchen.de

Auf der offiziellen Website der Stadt München steht alles, was für einen München-Besuch von Interesse ist. Baustellen, Open-Air-Konzerte.
www.mvv-muenchen.de/
www.mvg-mobil.de

Auf diesen beiden Seiten des öffentlichen Nahverkehrs gibt es Fahrplan-, Linien- und Preisauskünfte.

www.prinz.de
Informationen über Veranstaltungen, Gastronomie und Lifestyle.

MEDIZINISCHE VERSORGUNG
KRANKENVERSICHERUNG

Für Österreicher und Schweizer ist die Vorlage einer Europäischen Versicherungskarte (EHIC) ausreichend. Als zusätzlicher Versicherungsschutz empfiehlt sich der Abschluss einer Auslandskrankenversicherung, da diese Krankenrücktransporte mitversichert.

KRANKENHAUS
Klinikum rechts der Isar

▸ S. 149, E 14

Bogenhausen • Ismaninger Str. 22 • Tel. 41 40-0 • www.med.tu-muenchen.de

APOTHEKEN

Apotheken sind in der Regel von Mo–Fr von 8.30–18.30 und Sa von 8.30–13 Uhr geöffnet.

Internationale Hauptbahnhof Apotheke

▸ S. 148, a 3

Bahnhofsviertel • Bahnhofplatz 2 • Tel. 59 98 90 40 • Mo–Fr 7–20 Uhr

NOTRUF

Euronotruf: Tel. 112
(Polizei, Feuerwehr, Rettungsdienst)

POST

Briefmarken erhält man in den Postfilialen. Eine Postkarte nach Österreich und die Schweiz kostet 0,75 €.

REISEDOKUMENTE

Österreicher und Schweizer können mit einem gültigen Reisepass oder Personalausweis (Identitätskarte) einreisen. Kinder unter 16 Jahren müssen im Pass eines Elternteils eingetragen sein oder benötigen einen Kinderausweis.

REISEWETTER

Aufgrund seiner Lage am Alpennordrand hat München ein kontinental geprägtes Klima mit zum Teil recht extremen Schwankungen. Harte Winter sind zwar selten geworden, jedoch muss zwischen November und März immer wieder mit Schneefällen gerechnet werden. Manchmal liegt München unter einer dicken Nebeldecke, während nur eine Autostunde südlich der Landeshauptstadt herrlichstes Sonnenwetter in den Alpen herrscht.

Die Sommer können echte Hitzeperioden bringen, im Nordstau der Alpen halten sich aber auch hartnäckig Tiefdruckgebiete. Weißblauen Himmel und Biergartentemperaturen bringt das markanteste Wetterphänomen im Alpenvorland, der Föhn. Im Winter sorgt er binnen weniger Stunden für Wetterumschwünge von Dauerfrost zu milden 15°C, im Frühjahr und Herbst für sommerliche Werte, und im Sommer beschert er den Münchnern ein Bilderbuchwetter.

TELEFON
Vorwahlen:

A, CH ▸ Deutschland 0049
Deutschland ▸ A 0043
Deutschland ▸ CH 0041
München 089

TIERE

Hunde und Katzen aus Österreich und der Schweiz benötigen zur Einreise einen EU-Heimtierausweis bzw. Schweizer Heimtierausweis (stellt der Tierarzt aus) mit Nachweis einer Tollwutimpfung. Das Tier muss durch einen Mikrochip identifizierbar sein. Für Schweizer Hunde und Katzen ist zusätzlich eine Gesundheitsbescheinigung erforderlich, die ebenfalls der Tierarzt ausstellt.

VERKEHR

AUTO

Um die Luftqualität zu verbessern, hat München nach langem Hin und Her die »Feinstaub-Plakette« eingeführt: Diesen Aufkleber brauchen Autos (auch auswärtige) zum Befahren der innerhalb des Mittleren Ringes gelegenen »Umweltzone«. Ausgegeben wird die Plakette an alle Fahrzeuge mit geregeltem Katalysator (Benziner) bzw. Rußpartikelfilter (Diesel). Den Antrag stellt man online unter www.muenchen.de/kvr – und kalkuliert sicherheitshalber zwei Wochen Bearbeitungsfrist ein.

FAHRRAD

700 km Radwege (die schönsten führen an der Isar entlang), 22 000 Radständer und Fahrradmitnahme (zu bestimmten Zeiten) in allen U- und S-Bahnen: Wer da noch mit dem Auto durch München fährt, ist wirklich selbst schuld. Zumal erwiesen ist, dass man innerhalb des Stadtgebiets ein Ziel, das nicht weiter als 5 km entfernt liegt, mit dem Fahrrad schneller erreicht als mit jedem anderen Verkehrsmittel. Auszuleihen gibt es Fahrräder z. B. beim Rad-Service der DB »Call a Bike« (www.callabike-interaktiv.de) an allen größeren Straßenkreuzungen oder, auf die klassische Art, bei Radius Tours (Arnulfstr. 3, Tel. 55 02 93 74, www.radiustours.com, Tagesmiete ab 14,50 €).

Ein jährlich aktualisierter Fahrrad-Stadtplan hilft auch Touristen, sich schnell auf Münchner Radwegen zurechtzufinden. Der Plan liegt kostenlos im Umweltladen auf (Rindermarkt 16, Tel. 23 32 66 66, geöffnet Mo, Di, Do und Fr 9–12 und 13–17.30 Uhr).

ÖFFENTLICHE VERKEHRSMITTEL

Weil München keine »autofreundliche« Stadt ist, ist es ratsam, sich mit dem **Münchner Verkehrs- und Tarifverbund (MVV) und der Münchner Verkehrsgesellschaft mbH (MVG)** anzufreunden. Das immer noch dichter werdende Netz von S-Bahn, U-Bahn, Trambahn und Bussen funktioniert gut. Nur hat der Münchner Verkehrsverbund es noch immer nicht geschafft, sein verzwicktes Tarifsystem für die Kunden transparenter zu machen.

Wer nur einen Tag oder zwei bleiben will, fährt mit einer **Tageskarte**, die im gesamten Innenstadtbereich gültig ist, am besten. Die kostet derzeit 5,80 € für Erwachsene, 2,80 € für Kinder. Die **Partner-Tageskarte**, gültig für 2 Erwachsene, 3 Kinder, 1 Hund, kostet 10,60 €.

Recht attraktiv ist auch die **City TourCard**. Mit diesem Ticket kann der München-Besucher alle Angebote des öffentlichen Nahverkehrs im Stadtgebiet nutzen und erhält Rabatte für über 60 touristische Attraktionen in München und Umgebung.

Die CityTourCard wird in zwei Varianten angeboten: als Tageskarte für 9,90 € und als 3-Tageskarte für Innennetz (20,90 €) und Gesamtnetz (32,90 €). Partner sind touristische Highlights wie etwa das BMW Museum, die Allianz-Arena, Bavaria Filmstadt, Olympiapark München

oder Schloss und Park Nymphenburg, aber auch verschiedene gastronomische Betriebe. Die meisten Rabatte liegen bei 20 % und mehr. Wer länger in der Stadt bleibt und öffentliche Verkehrsmittel nur gelegentlich benutzen will, fährt mit der normalen **Streifenkarte** – zurzeit zahlt man für 10 Streifen 12,50 € – am günstigsten. Eine originelle und nützliche Einrichtung ist die Museums-Buslinie 100. Sie verkehrt zwischen Ostbahnhof und Hauptbahnhof und verbindet viele der wichtigsten Museen.

MVV (Münchner Verkehrsverbund)
Infotelefon: 41 42 43 44 • www.
mvv-muenchen.de
MVG-Plan   ▸ Klappe hinten

TAXI

Die Grundgebühr beträgt 3,30 €, der Kilometer kostet ab 1,70 € (bis 5 km). Nur wenige »schwarze Schafe« fahren Umwege, um den Fahrpreis hochzutreiben.
Funktaxi-Zentrale • Tel. 2 16 10 und 1 94 10

ZEITUNGEN

Die meistgelesenen Tageszeitungen sind die »Süddeutsche Zeitung« (SZ), der »Münchner Merkur« sowie die Boulevardblätter »Abendzeitung« (AZ) und »tz«.

ZOLL

Reisende aus Österreich dürfen Waren abgabenfrei mit nach Hause nehmen, wenn diese für den privaten Gebrauch bestimmt sind. Bestimmte Richtmengen sollten jedoch nicht überschritten werden (z. B. 800 Zigaretten, 90 l Wein, 10 kg Kaffee). Weitere Auskünfte unter www.zoll.de und www.bmf.gv.at/zoll.

Reisende aus der Schweiz dürfen Waren im Wert von 300 SFr abgabenfrei mit nach Hause nehmen, wenn diese für den privaten Gebrauch bestimmt sind. Tabakwaren und Alkohol fallen nicht unter diese Wertgrenze und bleiben in bestimmten Mengen abgabenfrei (z. B. 200 Zigaretten, 2 l Wein). Weitere Auskünfte unter www.zoll.ch.

WEGZEITEN (IN MINUTEN) ZWISCHEN WICHTIGEN SEHENSWÜRDIGKEITEN

*mit öffentlichen Verkehrsmitteln

	Deutsches Museum	Englischer Garten	Gasteig	Hofbräuhaus	Königsplatz	Marienplatz	Schloss Nymphenburg	Pinakotheken	Residenz	Viktualienmarkt
Deutsches Museum	–	35	6	18	40	20	30*	40	24	18
Englischer Garten	35	–	22	14	23	16	35*	20	11	18
Gasteig	6	22	–	17	39	20	40*	43	20	18
Hofbräuhaus	18	14	17	–	20	4	30*	25	7	5
Königsplatz	40	23	39	20	–	18	22*	10	17	23
Marienplatz	20	16	20	4	18	–	30*	24	5	21
Schloss Nymphenburg	30*	35*	40*	30*	22*	30*	–	27*	23*	30*
Pinakotheken	40	20	43	25	10	24	27*	–	22	30
Residenz	24	11	20	7	17	5	23*	22	–	8
Viktualienmarkt	18	18	18	5	23	21	30*	30	8	–

Kartenatlas

Maßstab 1:20 000

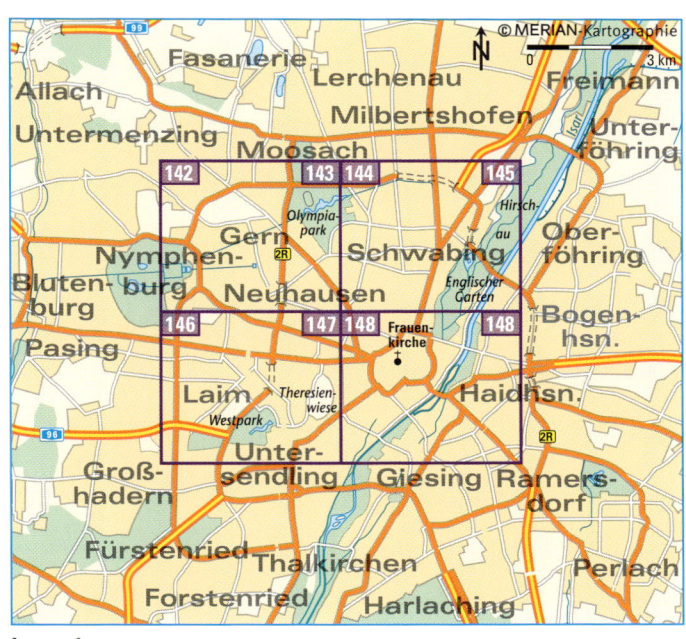

Legende

Sehenswürdigkeiten

10	MERIAN-TopTen
	Sehenswürdigkeit, öffentl. Gebäude
✳	Sehenswürdigkeit Kultur
✳	Sehenswürdigkeit Natur
♆ ♆	Kirche; Kloster
♙	Schloss, Burg
✡	Synagoge
🏛	Museum
𝐵	Denkmal; Gedenkstätte
⚱	Turm

Verkehr

═══	Autobahn
═══	Autobahnähnliche Straße
───	Fernverkehrsstraße
───	Hauptstraße
───	Nebenstraße
───	Fußgängerzone
P P	Parkmöglichkeit
Ⓑ	Busbahnhof
U	U-Bahn
S	S-Bahn
DB	Bahnhof
✈	Flughafen
⊕	Flugplatz

Sonstiges

ℹ	Information
☻	Theater
⚖	Markt
🐘	Zoo
☀	Aussichtspunkt
† † †	Friedhof

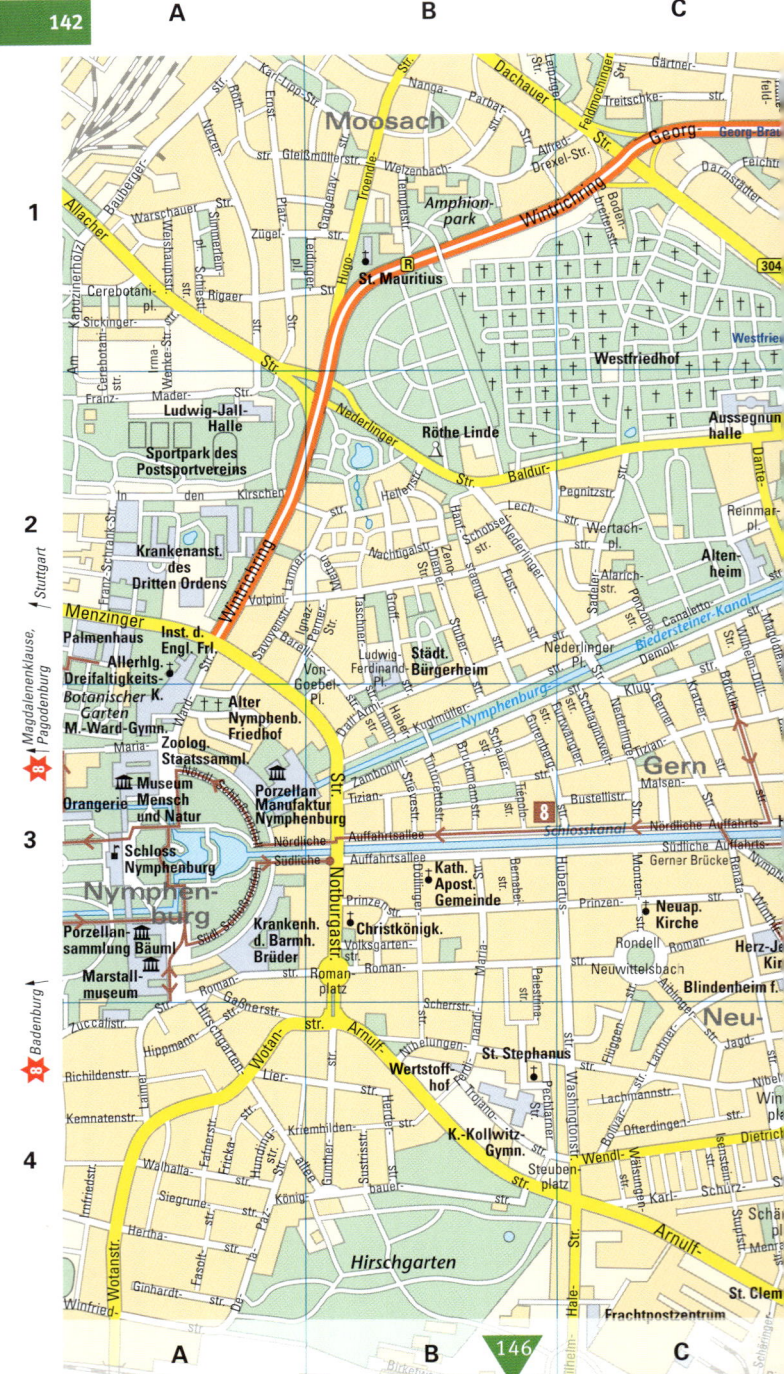

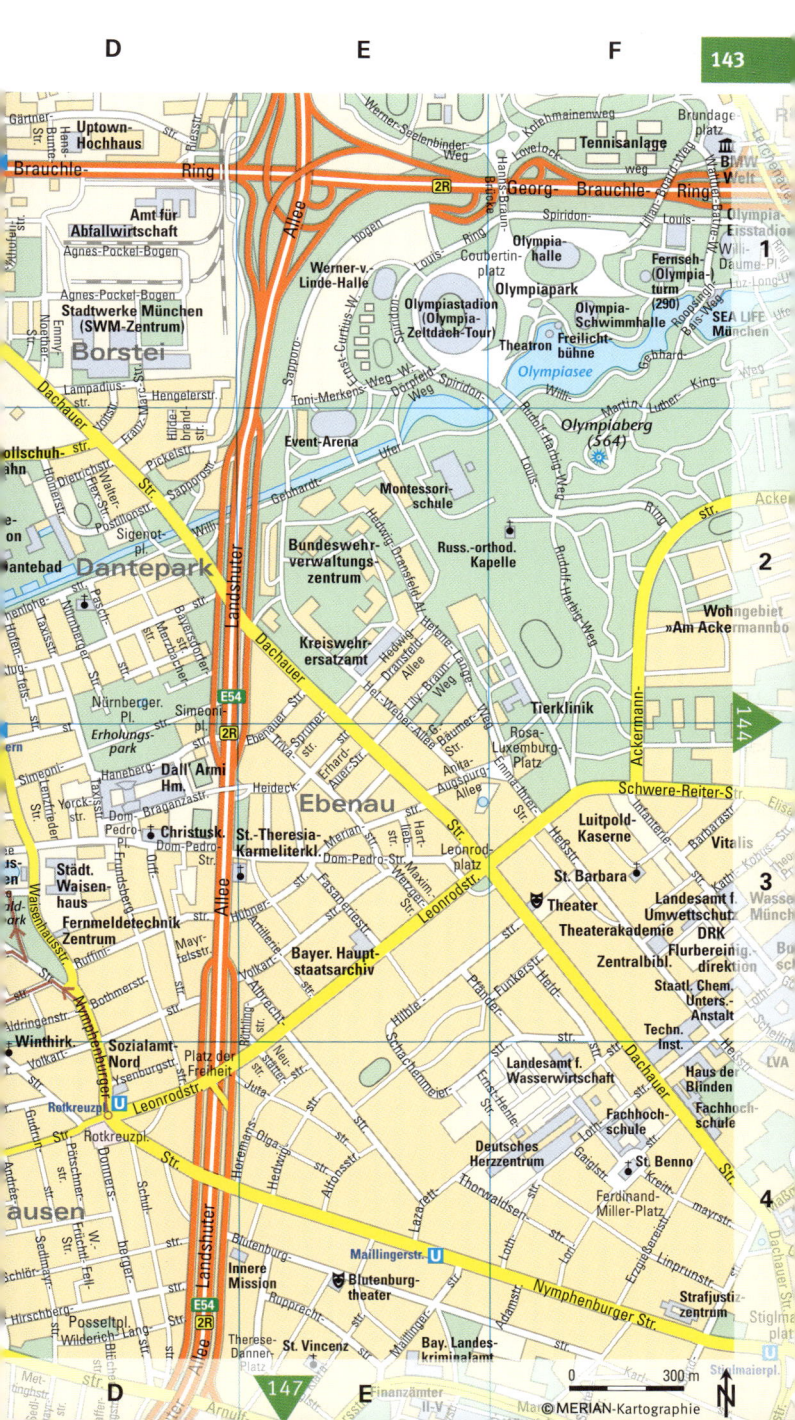

Uptown-
Hochhaus

Brauchle- Ring

Amt für
Abfallwirtschaft
Agnes-Pockel-Bogen

Agnes-Pockel-Bogen
Stadtwerke München
(SWM-Zentrum)

Borstei

Dantepark

Werner-Seelenbinder-
Weg

Kolehmainenweg

Tennisanlage

Georg- Brauchle- Ring

Werner-v.-
Linde-Halle

Olympia-
Coubertin-
platz

Olympia-
halle

Olympiapark

Olympiastadion
(Olympia-
Zeltdach-Tour)

Olympia-
Schwimmhalle

Theatron

Freilicht-
bühne

Olympiasee

Event-Arena

Montessori-
schule

Russ.-orthod.
Kapelle

Olympiaberg
(564)

Bundeswehr-
verwaltungs-
zentrum

Kreiswehr-
ersatzamt

Tierklinik

Rosa-
Luxemburg-
Platz

Brundage-
platz

BMW
Welt

Olympia-
Eisstadion

Fernseh-
(Olympia-
turm
(290)

SEA LIFE
München

Wohngebiet
»Am Ackermannbo

144

Erholungs-
park

Dall'Armi
Hm.

Christuslk.
St.-Theresia-
Karmeliterkl.

Ebenau

Städt.
Waisen-
haus

Fernmeldetechnik
Zentrum

Bayer. Haupt-
staatsarchiv

Winthirk.

Sozialamt-
Nord

Platz der
Freiheit

Leonrodstr.

Rotkreuzpl. U

Rotkreuzpl.

Schwere-Reiter-Str.

Luitpold-
Kaserne

Vitalis

St. Barbara

Theater

Landesamt f.
Umweltschutz

Theaterakademie

Zentralbibl.

DRK

Flurbereinig.
direktion

Staatl. Chem.
Unters.-
Anstalt

Techn.
Inst.

Leonrod-
platz

Landesamt f.
Wasserwirtschaft

Haus der
Blinden

Fachhoch-
schule

LVA

Fachhoch-
schule

Deutsches
Herzzentrum

St. Benno

Ferdinand-
Miller-Platz

hausen

Innere
Mission

Maillingerstr. U

Blutenburg-
theater

Nymphenburger Str.

Strafjusti-
zentrum

St. Vincenz

Bay. Landes-
kriminalamt

Therese-
Danner-
Platz

Finanzamt

147

0   300 m

N

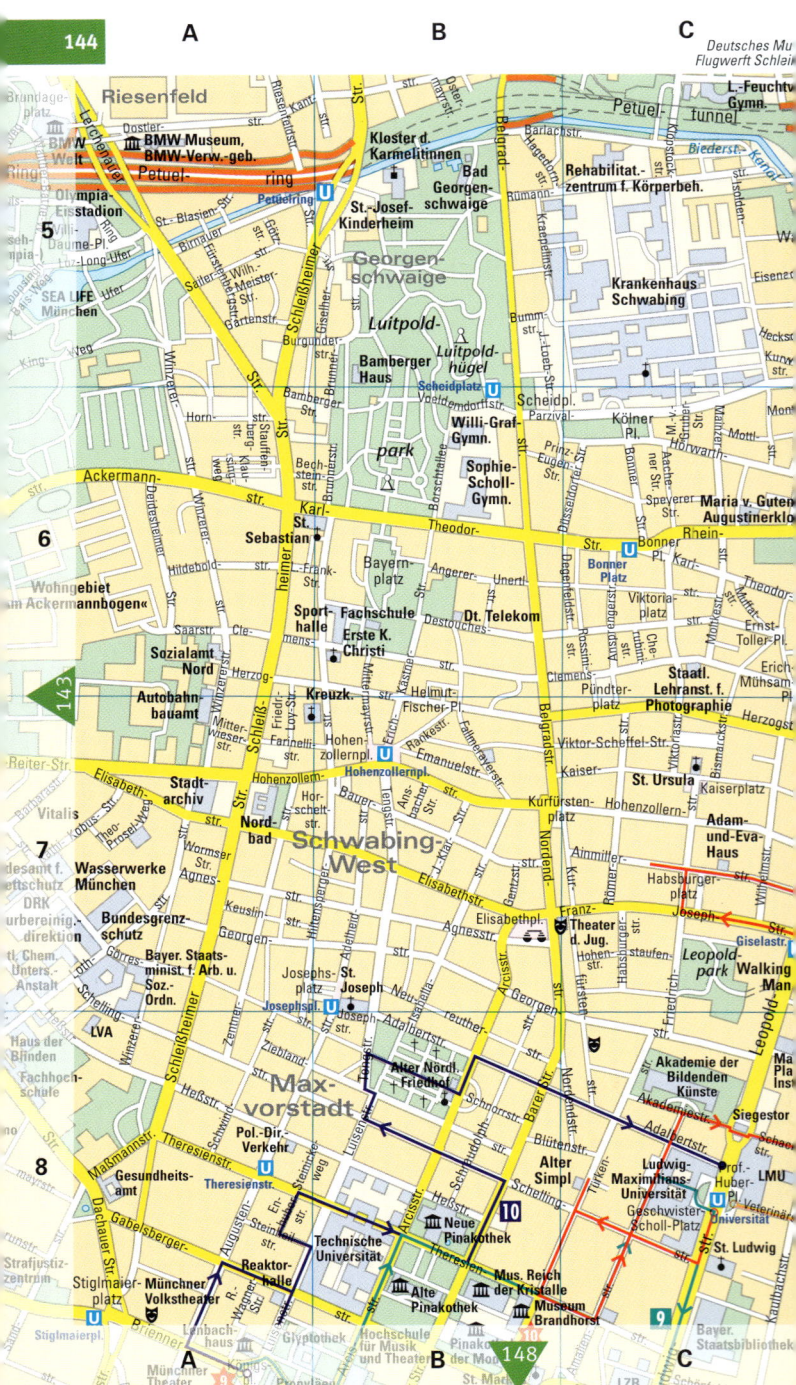

A

B

C

Brandlage-
platz

Riesenfeld

BMW
Welt

Ostler-
str.

BMW Museum,
BMW-Verw.-geb.

Kloster d.
Karmelitinnen

Petuel-
tunnel

Biederst.

Petuel-ring

Petuel-

ring

Olympia-
Eis-
stadion

St.-Blasien-
str.

Bad
Georgen-
schwaige

Rehabilitat.-
zentrum f. Körperbeh.

St.-Josef-
Kinderheim

5

SEA LIFE
München

Georgen-
schwaige

Krankenhaus
Schwabing

Luitpold-

Luitpold-
hügel

Bamberger
Haus

Scheidplatz

Scheidpl.

Parzival

Willi-Graf-
Gymn.

Kölner
Pl.

park

Sophie-
Scholl-
Gymn.

Prinz-
Eugen-
Str.

Maria v. Guten
Augustinerklo

Ackermann-

str.

Karl-
St.
Sebastian

Theodor-

Bonner

Str.

Bonner
Platz

6

Wohngebiet
im Ackermannbogen«

Bayern-
platz

Angerer-

Uertl-

Viktoria-
platz

Ernst-
Toller-Str.

Sport-
halle

Fachschule
Erste K.
Christi

Dt. Telekom

Staatl.
Lehranst. f.
Photographie

Erich-
Müsham-

143

Sozialamt
Nord

Autobahn-
bauamt

Kreuzk.

Helmut-
Fischer-Pl.

Plünder-
platz

Herzogst

Hohen-
zollernpl.

Hohenzollernpl.

Viktor-Scheffel-Str.

Reiter-Str.

Vitalis

Stadt-
archiv

Bauer-

Amuelstr.

Kurfürsten-
platz

Kaiser-

St. Ursula

Kaiserplatz

Adam-
und-Eva-
Haus

7

esamt f.
tftschutz

DRK
urbereinig.
irektion
ti. Chem.
Unters.-
Anstalt

Wasserwerke
München

Bundesgrenz-
schutz

Nord-
bad

Schwabing-
West

Ainmiller-

Habsburger-
platz

Josep

Giselastr.

Bayer. Staats-
minist. f. Arb. u.
Soz.-Ordn.

Elisabethpl.

Theater
d. Jug.

Leopold-
park

Walking
Man

Josephs-
platz

St.
Joseph

Josephspl.

Joseph-

Neu-

Haus f.
Blinden

Fachhoch-
schule

LVA

Akademie der
Bildenden
Künste

Ma
Pla
Inst

8

Gesundheits-
amt

Pol.-Dir.-
Verkehr

Alter Nördl.
Friedhof

Siegestor

LMU

Theresienstr.

Alter
Simpl

Ludwig-
Maximilians-
Universität

prof.-Hu-
ber-Pl.

Veterinär-
Universität

Stiglmaier-
platz

Münchner
Volkstheater

Reaktor-
halle

Technische
Universität

Neue
Pinakothek

10

Schelling-

Geschwister-
Scholl-Platz

St. Ludwig

Strafjustiz-
zentrum

Stiglmaierpl.

Lenbach-
haus

Alte
Pinakothek

Mus. Reich
der Kristalle

Museum
Brandhorst

9

Bayer.
Staatsbibliothe

Münchner
Theater
für Kinder

A

Hochschule
für Musik
und Theater

B

148

C

Propyläen

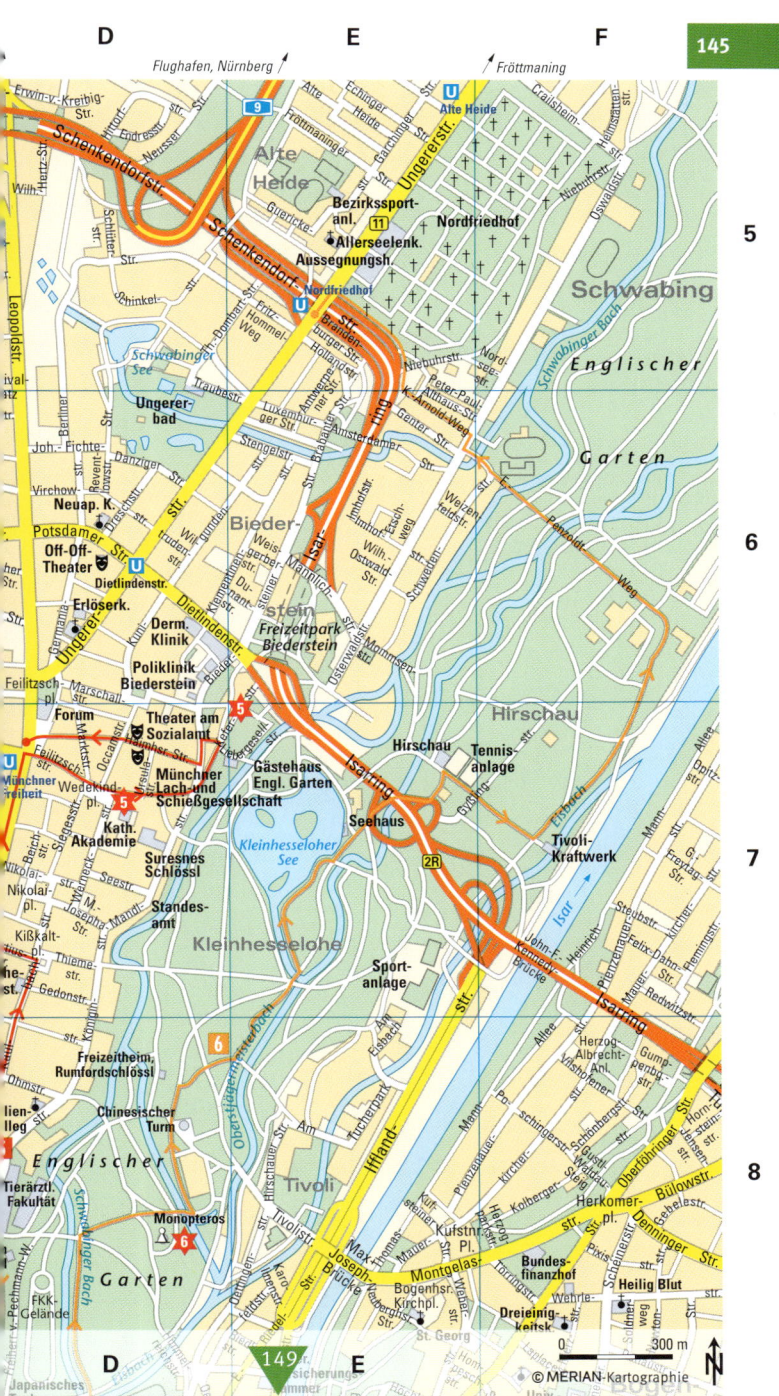

Flughafen, Nürnberg   Fröttmaning

5

6

7

8

Erwin-v-Kreibig-
str.
Htorst
Endress
Neusser
str.
Schenkendorfstr.
Wilh.
Hertz-pl.
Schenkendorf
Schlüter
str.
Schenkendorf
Str.
Schinkel-
str.
Fritz-
Hommel-
Weg
Brandenburger Str.
Hollandstr.

9

Alte Heide

Echinger
Str.
Fröttmaninger
Str.
Guericke-
str.
Bezirkssportanl.
11
Allerseelenk.
Aussegnungsh.
Nordfriedhof

Alte Heide
U

Garchinger
Str.
Nordfriedhof

Ungererstr.

Niebuhrstr.

Crailsheim-

Oswaldstr.

Schwabing

Leopoldstr.
ival-
atz
r.

Joh.-Berliner-
Str.

Ungererbad

**Schwabinger
See**

Traubestr.

Reventlowstr.
Luxemburger Str.
Stengelstr.

Danziger
Str.

Wilh-
Düll-
Str.

Amsterdamer
Str.

Genter Str.

Arnold-Weg

Peter-Paul-
Athus-Str.

Nord-
see-
str.

Niebuhrstr.

Schwabinger Bach

Englischer

Garten

**Joh.-Fichte-
Str.**
Virchow-
str.
Neuap. K.
Drossel-
weg
Potsdamer Str.
**Off-Off-
Theater**
U **Dietlindenstr.**
Erlöserk.

Germania
str.
Ungererstr.
Wildunder
str.
Weistrudenstr.
Gunzen
str.
Mainich-
str.
Osterwaldstr.
**Bieder-
stein**
Isar
Elmhof-
str.
Osch-
weg
Wilh.
Oswald-
Str.

Weizen-
feldstr.
Penzoldt
Weg

Garten

her
Str.
**Derm.
Klinik**
**Poliklinik
Biederstein**

Dietlindenstr.

Kunig.
str.
Biederst.

**Freizeitpark
Biederstein**

Mommsen-
str.

Mommsen-
str.

Feilitzsch-
pl.
Marschall-
str.
Forum
U
**Münchner
Freiheit**
Feilitzschstr.
Occamstr.
**Theater am
Sozialamt**
5
Tattenbach-
Str.
Viktoriastr.
Hirschau

Mandl-
str.
Wedekind-
pl.
**Münchner
Lach- und
Schießgesellschaft**
5

**Gästehaus
Engl. Garten**
Hirschau
**Tennis-
anlage**

Eisbach

Isaring

U
**Münchner
Freiheit**
Biedersteiner
**Kath.
Akademie**
Seehaus
Gyßling-
str.

**Tivoli-
Kraftwerk**

Bleich-
str.
Siegesstr.
Nikolai-
pl.
**Suresnes
Schlössl**
Seestr.
Joh.-
Josepha-Mandl
Standesamt
**Kleinhesseloher
See**
2R

Isar

Mann-
str.

Kißkalt-
pl.
Thiemestr.
Kleinhesselohe

Steubstr.
Pizzini
Heinrich
Planzen-
str.
G.-
Freytag-
str.
Kircher-
str.
Felx-Dahn-
str.
Redwinzstr.

he-
st.
Gedonstr.
Körnerstr.

Oberstjägermeisterstr.

**Sport-
anlage**
John-Kennedy-
Brücke
Isaring
Mauer-
kircher

Herzog-
Albrecht-
Anl.
Herzog-
Albrecht-
str.
Gump.-
renbg.
str.

Dhmstr.

**Freizeitheim
Rumfordschlössl**

6

Am
Eisbach

Möhl-
str.

Tucher-
park
Am
Eisbach

Schönbergstr.
Schumann
Waldau-
str.

Herkomer-
pl.
Gebelestr.
Oberföhringer Str.
Bülowstr.
Denninger Str.

lien-
lleg

Schwabinger Bach

**Chinesischer
Turm**

Hirschauer

Tivolistr.

Iffland-

Am
Eisbach

Kufsteiner

Herzog-
str.
Kirchner-
str.
Kolberger
str.
Pixisstr.
Oberföhringer Str.
Horn-
str.
Denninger
str.

Englischer
**Tierärztl.
Fakultät**

Monopteros
6

Tivolistr.
Max-
Joseph-
Brücke
Kufnr-
Pl.
Kuf-
steiner
Str.
Mauer-
kircher-
str.
**Bundes-
finanzhof**
Schell-
ingstr.
Heilig Blut

Garten
FKK-
Gelände

Möhl-
str.
Tivoli
Bogenhauser-
Kirchpl.
Montgelas-
str.
**Dreieinig-
keitsk.**
Wehrle
Wahn
0   300 m

Japanisches
Teehaus
Am
Sicherungs-
mmer
St. Georg
Hom-
Univ.

© MERIAN-Kartographie

N

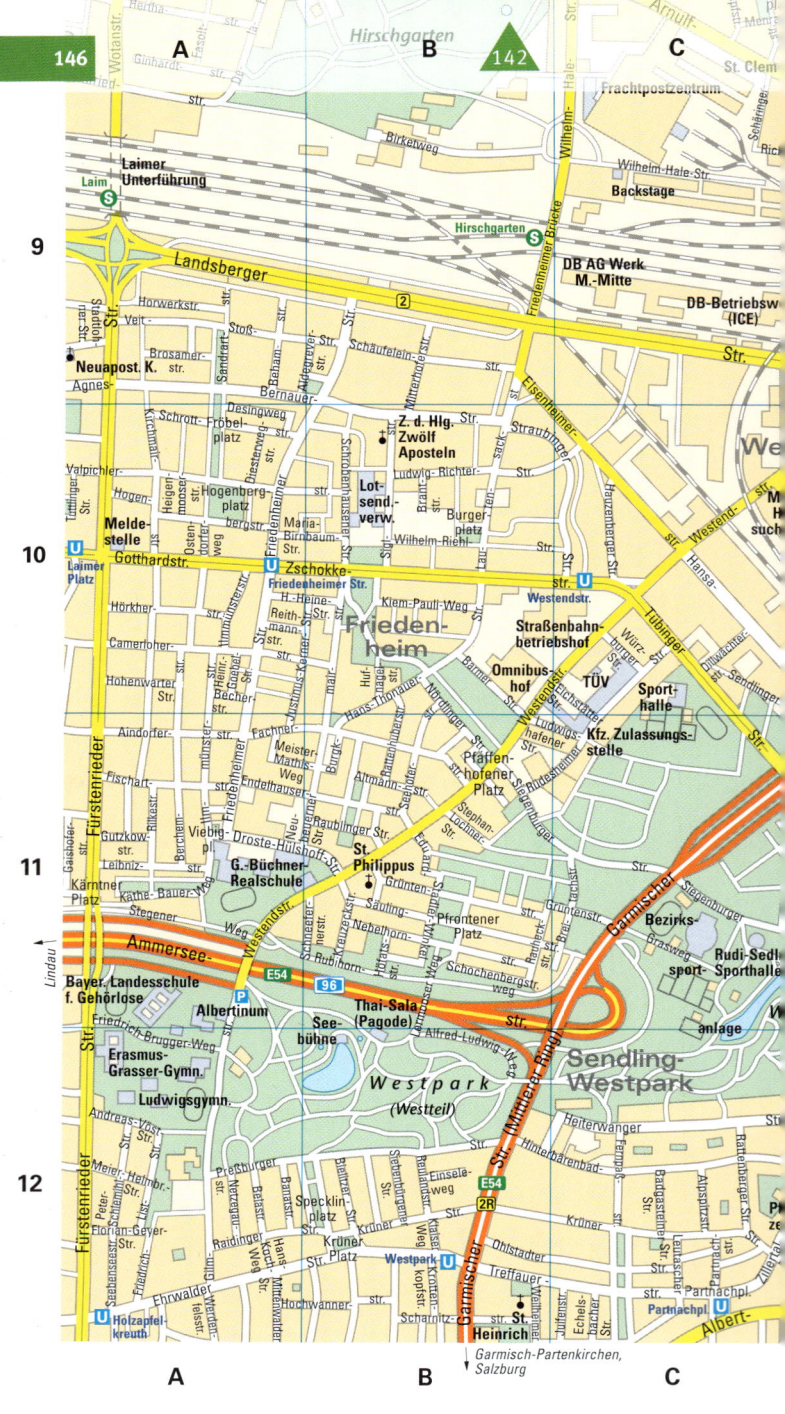